情緒認知與管理

了解情緒的多種形式
探索情緒的深層力量

穆臣剛 著

反向調解法、ACT 原則
重塑自我意象、情緒認知理論

如何成為一個「情緒穩定」的人？
良好的情緒控管能力可以對人際關係帶來多大的改變？
又能帶給身邊的人多大的「情緒價值」？

適當表達 ✕ 排解焦慮 ✕ 換位思考 ✕ 理性溝通 ✕ 自我暗示
從認識自己的情緒開始，成為「情緒穩定」的成熟大人！

目 錄

前言

**Part1 情緒的祕密：
認識情緒，才能控制情緒**

心理學中的情緒認知理論 …………………… 014
情緒產生於潛意識，是人就會有情緒 ……… 018
情緒的幾種形式和狀態 ……………………… 022
你所不知道的情緒力量 ……………………… 027
認識情緒掩飾下的矛盾自我 ………………… 031
了解個人情感晴雨表 ………………………… 035
情緒反應的性別差異 ………………………… 040
「思想」是情緒的雕塑師 …………………… 044

目錄

Part2　情緒與情商：
能夠控制情緒是心智成熟的表現

什麼是情商……………………………………… 050
情商對於人生的重要意義 …………………… 055
負面情緒讓人失去理智、智商下降 ………… 059
長期處於正向情緒的人情商自然高 ………… 064
對自己的情緒負責是成熟的表現 …………… 069
透過情商的自我訓練，培養出健全的人格‥ 075
積極的心理暗示能改變人生 ………………… 078
利用反向調節法，幫助自己擺脫困境 ……… 083

Part3　情緒表達：
合理釋放情緒，有益心理健康

沒有情緒的人生是種缺憾 …………………… 088
表達與控制情緒的藝術 ……………………… 093
表達情緒的幾個層次 ………………………… 099
大膽表達正面情緒，合理表達負面情緒 …… 103
選擇適當的方式表達不滿 …………………… 107
表達憤怒以不傷害自己和他人為原則 ……… 112
表達情緒時要避免「情緒化」 ……………… 117
情緒表達將會影響你的整個人生 …………… 121

Part4 情緒管理：
提升情商，做情緒的主人

好情緒源於自我管理 ………………………… 126
正確排解憤怒的情緒 ………………………… 129
善待每一個挫折 ……………………………… 132
用適合自己的方法緩解憂鬱 ………………… 136
如何正確對待莫名的自卑 …………………… 140
焦慮的時候，其實可以這樣做 ……………… 145
傷心的時候，要給心靈鬆綁 ………………… 149
享受孤獨而不深陷 …………………………… 153

Part5 情緒調節：
趕走負面情緒，預防心理焦慮症

情緒爆發的幾種誘因 ………………………… 160
應對情緒爆發的策略 ………………………… 164
純粹的悲觀主義者 …………………………… 169
憂鬱與亢奮等過度反應 ……………………… 173
情緒調節的吸引力法則 ……………………… 177
ACT 原則的應用 ……………………………… 179
不要在非理性狀態下進行情緒推理 ………… 183
迅速有效的情緒調節法 ……………………… 187

目錄

Part6　情緒轉移：
學會轉移情緒，幫心理降溫

做有成就感的工作……………………………… 192
轉移注意力的手段……………………………… 196
迴避痛苦的過往………………………………… 200
換個環境，啟用感官…………………………… 204
找出真正值得花費心力的事情………………… 208
換一種思維便豁然開朗………………………… 212

Part7　情緒感染：
鍛造強大內心，遠離情緒汙染

情緒汙染引發的「踢貓效應」………………… 216
避免成為情緒的汙染源………………………… 221
你看到的並不一定是你想像的那樣…………… 225
拋開腦海中固有的偏見………………………… 229
換位思考所帶來的啟示………………………… 233
面對攻擊、指責與否定時怎麼辦……………… 237
藉助「情緒傳遞力」…………………………… 242
立足情緒需求，理性溝通……………………… 246

Part8　情緒選擇：
學會選擇情緒就能改變心境

狹隘的思維會帶來痛苦 ……………… 252
遠離過度情緒化行為 ………………… 256
告別恐懼，有時只需要信任 ………… 260
不好的事情總是被壞念頭吸引 ……… 264
熱忱可以幫你戰勝苦悶 ……………… 268
用調整代替排斥，讓緊張變成謹慎 …… 272
學會接受平庸 ………………………… 276

Part9　情緒與壓力：
舒緩壓力，緩和緊張情緒

壓力來自欲望，而非生存 …………… 282
疲勞狀態下，人更容易失控 ………… 287
透過壓力管理，將自己置於「不生氣狀態」 292
有效緩解心理疲勞的方法 …………… 297
不把工作壓力帶回家 ………………… 301
專注於簡單，捨棄不必要的一切 …… 306
說出壓力，清理情緒垃圾 …………… 310

Part10　情緒應用：
把握情緒，讓它成為人生的助推器

激發對成功的渴望 ………………………… 314
營造更適宜的生存環境 …………………… 318
重塑自我意象，啟用情緒潛能 …………… 322
甩掉空虛，享受更富足的精神生活 ……… 327
不被外界影響的靜心療法 ………………… 331
藉助良好的情緒資本改變自我 …………… 334
發揮情緒感染力 …………………………… 339

前言

　　哈佛大學曾針對人類自我情緒控制能力做過一項調查，調查結果顯示：在人生中，塑造成功、升遷與成就等正向結果的行為有 80% 以上是因為當事人擁有正確的情緒，而個人技能僅占到了成功因素的 15%。這意味著自身情緒控制能力的高低不僅展現個人生活能力的高低，更是影響個人情感生活、身心健康與全面人際關係的重要因素。

　　另一項調查結果顯示：90% 的病來自人們的內在，源於人們的情緒。大部分癌症病人與父母關係不好，負面情緒過多，抱怨和悔恨占用了生命中的大多數時間。

　　情緒就是一種能量，如果我們長期處於負面情緒當中，它會形成一種物質留在我們的身體裡，阻礙我們的身體正常吸收養分，造成身體器官功能失衡，從而破壞身體內部平衡系統，造成疾病。情緒總能夠以很快的速度形成，快到我們甚至無法察覺，這種速度能夠在危急時刻救我們一命，也能夠在一瞬間破壞我們的生活。

　　控制不了自己情緒的人，往往都不會獲得真正的快樂。加之很多疾病都是負面情緒惹的禍，所以只有那些可以真正掌握自己情緒的人，才能獲得灑脫、幸福的人生。

前言

有一次，著名專欄作家西尼‧哈里斯（Sydney Harris）和朋友去買報紙，交完錢，那位朋友禮貌地對賣報人說了聲「謝謝」，但對方態度冷漠，沒有一句客套話。

「這傢伙態度很差，是不是？」在回家的路上，哈里斯問道。

「是啊，他每次都是這樣。」朋友漫不經心地說，絲毫沒有生氣。

「那你為什麼還對他這樣客氣？」哈里斯有點疑惑了。

朋友微笑一下，回答說：「為什麼我要讓他決定我的行為？」

是的，一個成熟的人，會握住讓自己快樂的鑰匙。他不期待別人使他快樂，反而能將快樂與幸福帶給別人。這樣的人，是情緒的主人。

生活中，我們都有這樣的經驗：在情緒好、心情爽朗的時候，思路開闊、思維敏捷，工作和辦事效率高；反之，在情緒低沉、心情憂鬱的時候，思路阻塞、動作遲緩，工作和辦事效率很低。其實，每人心中都有一控制制情緒的鑰匙，但我們卻常在不知不覺中把它交給別人掌管。

一位銷售人員經常抱怨：「我活得很不快樂，因為我經常碰到糟糕的客戶。」

一位員工說：「我的老闆很苛刻，這讓我很生氣！」

一位女白領說:「工作壓力太大,我開始變老了!」

一位經理人說:「我的競爭對手太強大了,我真命苦啊!」

這些人都做了相同的決定,那就是讓別人來控制自己的情緒。結果,他們在工作和生活中不停地抱怨、隨意發怒、情緒焦慮,有些人甚至患上了憂鬱症,在悲傷、悔恨中一蹶不振。

安東尼・羅賓(Anthony Robbins)有句名言:「你有什麼樣的感覺,你就有什麼樣的生活。」悲觀的人,先被自己打敗,然後才被生活打敗;樂觀的人,先戰勝自己,然後才戰勝生活。這就是情緒的威力。

你無法改變天氣,卻可以改變心情;你無法控制別人,但可以掌握自己。正確調節自己的情緒,並理解他人的情緒,可以讓生活順風順水;錯誤表達自己的情緒,忽視甚至誤解他人的情緒,則可能招致不可估量的損失。

因此,如果你想掌握自己的命運,請先控制自己的情緒吧!學會調節自己的情緒,管好自己的心情,掌控好人生的節奏,你會發現成功其實並不難。一旦你學會了正確地表達、控制自己的情緒,就能自由地體驗不同的感受,就能在職場、社交、家庭等各方面遊刃有餘,活出充滿詩意的人生。

Part 1
情緒的祕密：
認識情緒，才能控制情緒

> 情緒產生於生命的一個古老機制，即：趨向愉快喜悅的情緒狀態，逃避不快的（或痛的）情緒狀態，並依此實現自體保護和生存。「趨吉避凶」是生物本能行為的外顯表現，「趨悅避痛」是這一行為表現的內在本質和原因。其實，「趨悅避痛」是所有動物，包括從最簡單的動物體到最高級的人類共有的最基本的本能和生命原則。情緒是一切生物體價值判斷的依據，是生物一切行為的淵源。

Part1　情緒的祕密：認識情緒，才能控制情緒

心理學中的情緒認知理論

　　如果你足夠細心，就會發現人們在生活中常常會有這樣的心理狀態：人們觀看動物園裡養在籠子裡的動物時會興奮地大叫、拍照，毫無恐懼之感，而在野外遇到動物時，就會心跳加速、額頭冒汗、恐懼戰慄；大多數人對老鼠的感受是厭惡害怕，唯恐避之不及，但迪士尼米老鼠的形象卻幾乎贏得全世界人的喜愛；在看到迎面走來的穿白袍的醫生時，大多數小孩子都會不由自主地躲到大人身後甚至立刻大哭起來，即使他明知道自己沒有生病不會被打針；考場上，在和老師嚴厲的眼神對視後，有的學生心驚膽顫連寫字都打哆嗦，有的學生則會讀出老師殷切的期盼而信心大增……

　　喜、怒、哀、樂、懼，情緒的變化往往讓我們猝不及防。同一個人對於同一事物，在不同的環境下，會有著不同的情緒體驗。同樣是活生生的動物，在動物園看到和在野外看到，對人造成的情緒體驗完全不同；對於同一事物，有著不同閱歷的人體驗到的通常是不同的情緒；同樣是風中搖曳的花兒，在心情美麗的小朋友那裡被解釋為「笑著的花兒」，而在憂思國家的詩人那裡卻被看作「哭泣的花兒」。

　　每個人從呱呱墜地的那一刻起，便開始了情緒伴隨的一

生。健全的情緒是健全人格的必要條件,情緒大起大落不僅會對人的身體健康產生不良影響,還會讓人的心理留下永遠的傷疤,也會破壞人際關係,甚至影響一生的幸福。因此,我們每個人首先應該學習的就是如何正確認識情緒,了解情緒的產生過程和影響因素。這是勇敢面對自己的情緒進而管理好自己各種情緒的前提。

心理學上通常認為,情緒的產生受到三方面因素的影響——環境事件、生理狀況和認知過程。其中,個體自身的認知對情緒的產生發揮著主導作用,也就是說認知評價決定了個體會體驗到哪一種具體的情緒。

認知,是個體認識客觀世界時的一種訊息加工活動,也是人的最基本的心理過程。心理學家認為,一個人的認知在相當程度上影響著他的情緒。這種主張情緒產生於對刺激情境或事物的評價的理論,在心理學上被稱作「情緒認知理論」(cognitive theory of emotion)。

美國心理學家瑪格達・阿諾(Magda Arnold)是「情緒認知理論」研究的重要代表之一。他的研究結果表明:實際上,刺激情境是情緒產生的間接因素,因為刺激情境或事件出現後個體首先會對此做出評價,這種評價是具體情緒產生的直接因素。凡被認為是對自己有利的,就會做出肯定評價,從而產生積極、良好的情緒體驗,比如動畫裡米老鼠的可愛形象留給我們深刻的印象,我們就會表現出欣喜、興奮等情緒;

Part1　情緒的祕密：認識情緒，才能控制情緒

凡被認為對自身有害的，就會做出否定評價，伴隨而來的是傷心、沮喪、恐懼的情緒，比如看到野外的老虎時聯想到老虎會吃人，對自己的安全構成威脅；當刺激物的出現與自己無關時，個體不做評價，也不會有情緒上的波動。

歡歡原本是一個樂觀開朗的女孩，時時刻刻感受著來自家人的寵愛。然而這一切在她 8 歲那年，隨著妹妹的到來徹底發生了改變。在家人的歡聲笑語裡，她常常感到自己被遺棄了：大人們茶餘飯後討論的總是小妹妹如何如何，就連自己生病了不想吃藥，媽媽都會責怪她說：「你看妹妹吃藥都不哭，你怎麼沒個姐姐的樣子啊」；自己拿著畫好的畫給媽媽看時，媽媽都沒怎麼看就說：「寶貝真棒」；媽媽給妹妹買的洋娃娃有漂亮的金色頭髮，而給自己買的卻是棕色頭髮⋯⋯慢慢地，她變得越來越自卑、敏感、不愛說話了，她十分討厭見到那個叫「妹妹」的小女孩，甚至都不曾主動抱過她。

小妹妹的到來使家裡多了一個親人、姐姐多了一個玩伴，原本是一件高興的事，而在歡歡的心裡卻全然不是這樣。她把妹妹的到來看作是對她的一個威脅，認為妹妹是愛的掠奪者，她從內心便產生了嫉妒和牴觸情緒，以至於把媽媽鼓勵她吃藥的話看作是對自己的責怪，把媽媽送給自己和妹妹不一樣的洋娃娃看作是對妹妹的偏愛。當然，小孩子之間有嫉妒情緒是很正常的事情，我們不能要求一個 8 歲的孩子去客觀地分析自己的情緒，但倘若父母能早點懂得情緒的

產生和影響因素方面的知識，提前做好大女兒的情緒疏導工作，防患於未然，或許歡歡的個性就不會出現這麼大的反差。

　　情緒認知理論的主要特點是強調個體的認知評價作用，一件事情的發生並不會直接造成當事人情緒上的變化，個體對這件事的評價對於情緒的產生發揮著關鍵性的作用。試想，如果歡歡在父母的引導下能夠把妹妹的到來看作是對自己有利的事情，那麼結局就會截然不同了。那麼，我們究竟應該如何對事件的發生做出合理的認知評價呢？首先，弄明白事件發生的前因後果，分析利弊長短，不鑽牛角尖；其次，看問題要有長遠的眼光，不要被一時的利益得失所迷惑。在正確地認識了情緒之後，我們接下來談一談如何恰當地管理好自己的情緒。

Part1　情緒的祕密：認識情緒，才能控制情緒

情緒產生於潛意識，是人就會有情緒

　　在多種感覺、思想和行為的交互作用下，人們每天都會產生兩類情緒，一類叫正向情緒，一類是負面情緒。正向情緒包含了興奮、快樂、想要做點什麼事情的衝動。比如你偶遇一位多年未見的老朋友，興奮得不得了，這就是正向的情緒。負面的情緒則有低落、焦慮、難過、失望等表現。比如跟戀人吵架了，兩人肯定都會陷入負面情緒裡面。

　　大部分人都不喜歡負面情緒，覺得它很討厭，總是讓人的心情高漲不起來。所以很多人想方設法逃避負面情緒，或者覺得自己能擺脫情緒的干擾。擺脫情緒，這可能嗎？有可能！擺脫情緒，就是我們常說的「不以物喜，不以己悲」，換句話說就是什麼都不求了。這是要死之前的人才會有的狀態。真正活在這個世界上的人，尤其是年輕人，一定要激情燃燒，要燃燒充分，最後才會平靜。

　　美國心理學家傑羅姆·布魯納（Jerome Bruner）教授認為，情緒無論是正向的還是負面的，都是人類一種自我保護的工具。正向情緒很好理解──我們要讓自己有熱情。人的所有成功從某種意義上講，都是熱情的燃燒過程。正如最開始說的，情緒是一種能量，正向的情緒會讓人保持興奮

狀態，這種狀態是大量能量儲備和燃燒的過程，它帶來的往往是興奮、激情、忘我的工作、高強度的運動、專注的注意力⋯⋯這些都是正向情緒產生的。

那麼負面情緒呢？會讓我們低落焦慮、傷心難過的情緒有什麼用？

布魯納教授認為，負面情緒的存在，主要是為了阻抗外界的負面影響，同時把自己不想要的東西倒出去。比如你的工作出現了紕漏，被老闆責罵，肯定會覺得不高興、不服氣，或者擔心上司會因此覺得自己無能。於是接下來的事情就變得很簡單——你會總想著這件事，後面的事情也無心去做了，就算去做，也總是會分神，注意力不集中，腦子不再靈活。這就是大腦在阻抗外界的影響，阻抗的方式就是降低自己的智商。

越想越傷心，越想越難過，越想越覺得自己什麼事情都做不下去了，這實際上就是一種對抗的狀態——大腦在激烈地進行自我對話，「自」和「我」吵得不可開交，於是什麼事情都聽不進去、看不進去了。負面情緒讓人像刺蝟一樣，與這個世界暫時隔絕，這就是自我保護。

有一位廖女士，名校畢業後開始了自己的教師生涯。她在工作職位上辛勤耕耘，得到了學校的重用。可是由於不願意和男朋友兩地分居，廖女士無奈放棄了遊刃有餘的工作，來到了男朋友所在的大都市。

Part1　情緒的祕密：認識情緒，才能控制情緒

　　她進入一家非常不錯的公司就職，但一個月之後由於不能很好地適應，她辭職了，下一份工作同樣如此。怎麼辦？自己的方向在哪裡？自信的她在新職位上僅僅工作了兩個月，又被否定了，人生幾十年建立起來的信心就這樣被消磨了。

　　「在這個城市真的沒有我的位置嗎？」她反問自己。意氣風發的大學生涯，激揚文字的教師旅途，都被沮喪、自卑、忐忑、緊張代替了。她不敢面對男朋友期待的目光，不敢接聽父母問候的電話，不敢去面對求職時成百上千人的廝殺，不敢面對面試時考官的咄咄逼問和炯炯的眼神……她快走到崩潰的邊緣了。

　　廖女士已深陷在負面情緒的漩渦裡不能自拔，不僅察覺不出高低的情緒起伏，也分辨不了不同的情緒狀態。人在無法對自己的情緒有所了解的情況下，較易產生負面的情緒，進而不能加以調適和管理，在工作和生活中，自然就處於劣勢，既得不到自己的認可，也得不到他人的認可。

　　通常，情緒行為不是由顯意識控制的，而是由潛意識控制的。所以，往往不是我們自己想要高興就能高興，說不生氣就能不生氣的，因為它受潛意識左右。因此，面對情緒問題，我們應該坦然面對，正視它的存在，然後，試著搞清楚它，把它從我們的話語禁忌和認知矇蔽中解放出來，這才是一件有意義並充滿挑戰的事情。

我們可以觀察自己的行為，如心跳、呼吸的生理狀態，煩躁、不安的心理狀態，臉紅脖子粗、暴跳等肢體動作等；還可多尋找一些案例做分辨情緒的練習，如同事的一句話，是隨風飄過呢，還是反覆思索呢？一次求職或晉升的失敗，是坦然接受呢，還是久久無法釋懷？

有人覺得自己應該拋棄負面情緒。但這東西是你骨子裡帶的，拋棄不了。這時候你有兩種處理方法：

第一種就是順其自然，當有負面情緒的時候，不做決定，讓自己的大腦休息一會兒，在冷靜理性的狀態下再做決定。

第二種就是轉化負面情緒。人都需要情緒，大家都只想要好情緒，不想要壞情緒，以為有負面情緒就是不好的。其實有正負面情緒的人才是正常的人，能夠化解負面情緒的人，就是智慧的人。學會運用負面情緒，讓負面情緒的能量也像正面情緒一樣得到運用，這就是情緒管理，也是我們這本書要告訴大家的主要內容。

Part1　情緒的祕密：認識情緒，才能控制情緒

情緒的幾種形式和狀態

　　自從升入國中以來，小明的學習成績一直都不是很理想，每次考試都排在班級十名以外。他暗地裡下了很多的功夫，請了家教來幫自己補習，每天都學到很晚。可是面對剛剛結束的期中考試，他的心裡仍然七上八下，總是覺得有幾道數學題塗錯了答題卡，作文好像寫偏題了。他不想辜負自己的努力，更不想辜負父母的期望。如果這次再考不好，他就要傷心死了。

　　公布成績的時候，小明忐忑地坐在自己的位置上，聽著同學們討論剛剛發下的考卷分數。終於，他最擔心的數學考卷發下來了，他猛地翻開考卷，看到一個「5」後，眉毛一顫，又把考卷合上，然後小心翼翼地一點一點地開啟──115。這時候老師的聲音在他的耳邊響起：「這次數學考試小明的進步最大，也是我們班的第一名……」小明長舒了一口氣，興奮之情溢於言表。

　　就如同小明看到成績前的焦慮和得知以後的驚喜一樣，我們每天會處於某種或某幾種情緒狀態中。古人把情緒分為喜、怒、哀、樂、愛、惡、懼七種基本形式，現代心理學又把這些情緒歸納為快樂、憤怒、悲哀、恐懼四種基本形式，

根據這些情緒發生的強弱程度和持續時間的長短，將人的情緒分為心境、激情、壓力、表情等幾種情緒狀態。

情緒的反應也是多種多樣的，下面我們就來了解一下幾種最常見的情緒狀態吧！

心境

心境是一種在一段時間內具有持續性、擴散性，而又不易覺察的情緒狀態。

心境對人的生活、工作、學習有著直接且明顯的影響，會為人的精神狀態帶來很大的影響。當人們處在某種心境中，在幾乎完全沒有意識到的情況下，這種心境的影響就不自覺地擴散到人們的活動過程中，使其以同樣的情緒狀態看待一切事物，從而對人們的行為產生影響。

一個人穩定的心境是由其占主導地位的情感體驗所決定的。例如，當愉快的心境占主導地位時，人們總是生氣勃勃、笑口常開；當憂傷的心境占主導地位時，人們則會死氣沉沉、愁容滿面。

激情

激情是指在較短時間內，以迅速的速度，將身心置於強烈激動的情緒狀態中。如狂喜、亢奮、盛怒、悲慟、恐懼、絕望等，都是人處於激情中的具體表現。由於人處於激情狀

Part1　情緒的祕密：認識情緒，才能控制情緒

態時，皮層下神經中樞失去了大腦皮層的調節作用，皮層下神經中樞的活動占了優勢，因此在這種情況下，人的自我控制能力減弱，會產生「意識狹窄」現象，下意識地做出與平常行為很不相符的舉動。

不同性質的激情會對人產生不同的影響。正面的激情，可以激發身心的巨大潛力，對工作和生活產生積極作用，許多創造性的藝術作品就是這樣產生的。負面的激情如盛怒等則會使人衝動、失去理智。經常出現負面激情，人的身心會受到極大的損害，所以，人們應當竭力避免負面激情的出現。在相當程度上，激情是可以控制的。比如，在情緒還沒有達到激情狀態時，如及時加以調節，人們就能有效地避免激情的出現。

壓力

壓力狀態是一種典型的特殊情況下的心理狀態。在遇到出乎意料的緊張情況時，人都會出現高度緊張的情緒狀態。比如親人的離世、診斷的噩耗、突發的事故等，都可能引起壓力狀態。

壓力狀態有利有弊。當人處於壓力狀態時，身體會發生急遽的變化。壓力狀態下，神經內分泌系統緊急調節並動員內臟器官、肌肉骨骼系統，加強生理、生化過程，促進有機能量的釋放，提高機體的活動效率和適應能力。但是，在壓

力狀態下,人們意識活動的某些方面會受到抑制,可能知覺、記憶等方面會出現問題,對出乎意料的刺激產生的強烈反應,會使人的注意和知覺範圍縮小。過度或長期處於壓力狀態,則可能導致過多的能量消耗,引起某些疾病,甚至導致死亡。對此,人們可以透過有意識的訓練、豐富的經驗、強烈的責任感和高度的思想認知來降低壓力狀態對人的負面影響。

表情

表情是內在情緒的一種外在流露,如面部表情、身體表情和言語表情等,它具體表現一個人的情緒狀態。

臉部的表情動作就叫面部表情。眼睛和嘴巴的形態變化,最能表現一個人的情緒變化。眼睛被稱為「心靈的視窗」,它的形態變化往往直接表現出情緒的變化。哭泣時眼部肌肉收縮,憤怒時橫眉張目。嘴巴也直接表現情緒的變化,悲哀時嘴角下垂,高興時嘴角上揚。

身體表情即人的動作表情,它是人的情緒狀態在身體上伴隨的動作。動作表情主要展現在手和腳的動作上,而兩者之中又以手的動作最為重要。手舞足蹈、手忙腳亂、手足無措、捶胸頓足、拍案而起、拍手叫絕等,都是情緒特徵的特定表現。

人在說話時聲音的音調、節奏、速度、強度等都會表達

出一定的情緒內容,這種情緒內容就是言語表情。語言不僅用於人們的溝通交流,它還是表達感情的重要手段。例如,悲哀時音調低,節奏緩慢,聲音高低差別很小;喜悅時音調高,速度較快,聲音高低差別較大;憤怒時聲音則高而尖,並且伴有顫抖等。這些都是很好的說明。

在直接表達情緒、情感方面發揮主要作用的是面部表情和言語表情,面部表情直觀,言語表情準確。動作只是表達情緒、情感的一種輔助手段。由於單獨從動作本身出發,難以準確推斷出具體的情緒內容,因此要準確認知一個人的情緒狀態,需要從面部表情、身體表情、言語表情等多方面進行分析和判斷。

透過對情緒狀態的了解,我們可以更加深入地了解自己以及他人的情緒,然後更加準確地掌握情緒,這也是提高情商的必修課。

你所不知道的情緒力量

人生在世,總會遇到各式各樣的事情,伴隨這些事情所產生的情緒,或喜或怒或哀或懼,都擁有著巨大的力量,它可能讓你沉溺在悲傷中無法自拔,也可能讓你在絕望中峰迴路轉,因此,了解和掌控情緒的力量就顯得尤為重要。

10年前的理查只是一家汽車修理廠的普通修理工,卻有著遠大的理想。一天,他偶然發現,休士頓一家大型公司正在面向全國進行人才應徵,便決定去試一試。面試前一天他思考自己的人生,感覺理想與現實就如同隔了一條鴻溝一般,相距如此之遠。

與四個比自己境況要好的朋友相比,他自認為論聰明才智並不輸任何人,但他卻總是受制於情緒。想到這裡,他第一次意識到了自己最大的缺點:遇事不夠冷靜,過於衝動,有時候甚至還會莫名地自卑。

一整晚,他都在檢討自己。他發現,一直以來,自己都是個得過且過的人。於是他下定決心:從此以後,再也不妄自菲薄,要努力管理好自己的情緒,塑造出一個全新的自我。

第二天,他以良好的心態和出色的表現順利通過了公司

Part1　情緒的祕密：認識情緒，才能控制情緒

的面試。十年過去了，理查一直以管理好自己的情緒、塑造出一個全新的自我為目標。他在所屬的組織與行業裡聲名遠播，並且成了公司中舉足輕重的人物。

理查了解到了情緒的力量，他並沒有沉溺在自怨自艾的負面情緒中，而是透過正視缺陷、控制情緒來不斷完善自身，最終取得了成功。

當你被強烈的負面情緒占據時，你需要明確的是，你不可能完全掌控自己的情緒，但是你也不能任憑情緒擺布，更不能繼續停留在糟糕的情境中，認為自己沒有足夠的熱忱與勇氣去改變命運。

哈佛大學教授、著名心理學家丹尼爾·高曼（Daniel Goleman）是「情緒決定未來說」的提出者與倡導者，在他看來，成功＝20％的智商＋80％的情商。他的這一主張成了「情緒時代」的理論基礎，在全球範圍內掀起了鍛鍊情商、提高情緒控制能力的風潮。

高曼教授認為，也許你正經歷的各種感受並不會像你所期望的那樣強烈，但是，一旦你進一步培養出了個人的情緒控制能力，意外的發生以及驚喜的降臨都不會再讓你不知所措，因為情緒的力量將會指引和改變你的思維和行動。

情緒平衡的時候，你將會充滿力量

若你處於情緒平衡期，不管身處於何種情境下，你都會

充滿能量，你不僅知足，更會以平常心去面對一切，整個人表現得積極而又熱忱。這一時期的你坦然面對過去，樂觀憧憬未來，因為你在平和的情緒中感受到了最寧靜的人生，心中充盈著愛與平靜。

這便是情緒的正面力量：讓你感恩人生、相信自己、憧憬未來。同時，你會要求自己對這個世界有所貢獻，你的心中將充滿著各種正面而積極的想法。

情緒失衡時，你會否定一切

當你處於情緒失衡狀態時，你會將個人全部的注意力都放在生活的消極面上。你會認為命運對待自己不公，人生也總是苦澀而艱辛，儘管事實並非如此。你的個人情緒變化，總是使你去留意生活中的負面資訊，你甚至會為了一點小事而大發雷霆。

在這一時期中，你會感受到過大的壓力、過度的恐懼，負面情緒、負面想法會源源不斷地湧現出來，讓你體會到生而為人的痛苦與悲哀。

情緒引導思維，思維決定行為

思維、感受與行為三者之間會呈現出相互影響的局面，其中力量最強的就是我們的情緒：當個人行動與思維方式被個人的強烈情緒所觸動時，我們的思考方式和行為方式會完全按照此類情緒的引導而不斷改變。若你處於快樂的情緒

下，你會將一切事情向著好的一面思考，並採取積極的行動；若你處於悲傷的情緒下，你會對一切事情產生消極的看法，並屈服於命運的擺布。

不同的情境下，需要不同的情緒主宰

人生不同的境遇中，需要有不同的情緒來表達自我：當你處於激烈的競爭狀態中，你需要擁有強烈的決心與信心來全身心地投入；當你處於私人空間時，你需要放鬆身心、完全摒棄利益爭奪的欲望，讓自己獲得內心的寧靜；當你與愛人、朋友相處時，你需要竭誠相待，讓對方感受到你的真誠與關愛。

當你認清了自己必須要根據環境的轉換來做情緒的轉變時，你便能夠根據環境來調整自己的情緒，從而使你在特定環境下的行為表現得更加得體。

情緒的力量可以幫助你自我激勵，幫助你克服最嚴重的創傷，但是，它也可以讓你因為小小的挫折而一蹶不振。無論怎樣，我們都可以掌控自己的情緒，讓它來引導我們塑造一種自己渴望的人生，從而使自己的命運得到改變。

認識情緒掩飾下的矛盾自我

　　人性的複雜與多變，是所有哲學家與道德家都無法描述的。孩童時期，我們處於人性最簡單、最純潔的階段，隨著社會閱歷的不斷增加，身體與心理不斷得到發展，我們便很難再為自己的個性做一個完整的界定。

　　隨著身體的發育，我們的大腦也在不斷地迅速地發育著，從前那些偏激的想法開始變得全面起來，之前的形象思維開始向抽象思維轉變──這些量變會不斷地帶領我們走向新的思維領域。

　　美國一名心理學家曾在自己的辦公室中接待了一位渴望得到幫助的流浪漢。當流浪漢對生活絕望正想自殺時，看到了這位學者所寫的一本自我激勵的書，這給了他繼續活下去的力量。他認為，只要自己能夠得到作者的幫助，就一定能夠再度站起來。

　　在流浪漢訴說自己的不幸時，心理學家頭到腳地打量了他：對方茫然的眼神、滿臉的皺紋、多天未刮的鬍鬚與緊張的神態，都在向他證明，這是一個無藥可救的人。但是，心理學家不忍心打擊他。

　　將流浪漢的故事全部聽完以後，心理學家沒有說話，而

Part1　情緒的祕密：認識情緒，才能控制情緒

是將他帶到自己平日裡做心理試驗的工作室，並讓他看向屋子裡一面高大的鏡子。

心理學家指著鏡子中的流浪漢說：「只有他，在這個世界上，除了他，沒有人能使你東山再起，在你沒有真正認清他之前，不管是對你還是對這個世界，你都是一個無用的廢物。」

流浪漢仔細地端詳鏡子裡邋邋落魄的自己。幾分鐘後，他後退幾步，低下頭開始哭泣。當他離開時，心理學家發現，他的腳步已經變得輕鬆有力。

幾天後，心理學家外出時在街頭又遇到了他。流浪漢說，他已經找到了工作，並打算重新開始。

就像這個流浪漢一樣，我們每個人都會遇到自我評價、分析的時刻。但是，當我們準備為自己下一個具體的定義時，我們卻多多少少有些迷惑：不錯，你可能是一個勤勞的人，但是，難道你就從來沒有過一絲想要偷懶的想法嗎？也許大多數時候，你都表現得極具決斷能力，可你也肯定曾經遇到過猶豫不決的時候。

事實上，人性本身就是由很多這種無法完全清晰界定的「兩極」概念組成的。忽視了其中的任何一個方面，我們都會形成人際交往中的「非黑即白」。尤其是當我們的身上擁有某些自己並不喜歡的特質時，我們便會刻意壓制它，而這種壓

制最終會使我們的生活受到限制。

全面了解自我並不僅僅代表我們需要簡單地將自己的優勢與劣勢擺出來，更為重要的是，我們需要讓自己明確，到底如何正確處理那些自己並不樂於接受的個性特質。

全面觀察自己厭惡的一面

當你想要真正地了解最真實的自己時，你需要明確，哪些是自己所厭惡的，其原因又是什麼，是否是因為自己身上同樣擁有這種自己極不喜歡的特質。這種方法操作起來非常簡單，但是由於大多數人對此並不熟悉，於是便會使自我審視受到極大的阻礙。

當你將這些原本被自己忽視的特質重新納入自我評價體系中時，你需要特別注意人性中的醜陋面，如貪婪、嫉妒等；但對於那些單純處於被局限的情感部分，如敏感、善良等，你卻可以充分地發揮，因為它們的存在能夠讓我們突顯出自身優勢，從而讓自己成為一個更加完整的個體。

清楚地認識自己

1. 在觀察自己的陰暗面的同時，將那些阻礙認清自我的「反感面」找出來，並認真地思考造成自己對這些特質反感的原因。是因為發現在社會生存的過程中，這一特質無法得到公眾認同，還是因為自己某次受挫後的感受，又或者只是單純的脾性使然？

無論這個尋找的過程多麼艱難，你都必須盡量去改變對某些方面的反感，這是整合與認識自我矛盾體的前提，更是走向更好自我的開端。

2. 將投射於外界的情緒收回。在情緒投射的時候，這些情緒往往會被我們認定是他人的缺點，比如，當我們反感他人的懶惰時，其實也是在質疑對我潛意識中的懶惰。意識到自己的問題，才能讓這種情緒及時得到抑制。

3. 承認矛盾的自我。想要完成對矛盾自我的整合，我們便要首先承認自己的矛盾性，承認自己身上存在的優缺點以及有時候會將自己不肯接納的情緒歸罪於他人的情況。

恰當的心理調適

在自我心理調適的過程中，可以藉助於外界的強力干預，也可以透過自我內心認知慢慢發生改變，而整合自我矛盾更傾向於後者。在這個整合過程中，意識到自己存在的矛盾，並承認它們的存在，是最有效、最積極的治療。

無法自我認知的人是病態的，而那些只願意看到自己好的一面，卻不願意正視自己醜陋一面的人更是偏激的。作為一個複雜的人類個體，若我們無法做到兼顧兩面的話，便難免會使自己的生命有所欠缺，而那些隱藏於自我潛意識中的陰暗面則會對個人情緒的控制形成巨大的威脅。

了解個人情感晴雨表

在年少時，我們經常會產生這樣的疑問：為什麼有時候我們的心情會毫無由來地變差，做什麼事情都提不起精神來？而且這種情緒往往會持續一段時間，並導致自己一直處於不良的境況中。其實，就如同一年分為春夏秋冬四季一樣，人的情緒也會出現週期性的變化。

「情緒週期」是指個人的情緒高潮與低潮交替過程中所經歷的時間長短，它反映出的是人體內部呈現出來的週期性張弛規律，這種規律也被稱為「情緒生物節律」。

哈佛大學心理實驗室的一項科學研究結果表明：人類的情緒週期平均為5個星期，即由興奮降至沮喪，再回到高興，往往需要5個星期的時間。每個人的情緒週期不同，有些人的週期較長，有些人的週期則較短。週期的前一半為情緒高潮期，後一半時間則為情緒低潮期。情緒由高潮向低潮過渡或者由低潮向高潮過渡的這一段時間，往往被稱為「臨界期」，一般為2～3天。在臨界期到來時，情緒會變得非常不穩定，機體各個方面的協調能力變差，容易產生各類負面情緒。

一個人處於情緒週期中的高潮階段，便會表現出強烈的

Part1　情緒的祕密：認識情緒，才能控制情緒

生命活力，對人和藹可親，感情豐富，做事認真，容易聽取他人的意見，接受他人的規勸。反之，則容易心情急躁，對他人的建議容易產生反抗情緒，總是喜怒無常，時常會有孤獨寂寞之感。

美國哈佛大學校長的德魯・吉爾平・福斯特（Drew Gilpin Faust）曾講述一段自己的親身經歷。

有一段時間，她對所有的事情都失去了興趣，並厭倦了總是坐在辦公桌前處理檔案的生活。這一天，她終於下定決心，向學校請了三個月的假，並告訴家人：不要問我去了哪裡，每個星期我都會打個電話報平安。

處理好一切之後，她隻身一人去了美國南部一個不知名的小村莊中，趁著假期，去嘗試過起了另一種全新的生活。在那裡，她做了各式各樣的工作——去餐廳洗盤子，到農場打零工。她會與工友們一起坐在田間地頭偷懶聊天，也會背著老闆躲在角落裡面抽菸。這一切都讓她獲得了一種前所未有的愉悅。

某天，她在一家餐廳負責刷盤子，4個小時後，老闆便將她叫了出來，清算目前的薪水。飯店老闆對她說：「可憐的太太，你洗盤子的速度太慢了，我不得不解僱你。」於是，這個「可憐的太太」重新回到了哈佛校長室。

再次回到自己熟悉的工作環境以後，她感覺工作不再無

聊，以往熟悉的一切都變得新鮮起來。過去 3 個月的時間如同孩子調皮的惡作劇，新鮮而刺激，在擁有了這樣的經歷以後，她的眼裡，一切就如同孩童眼中的世界一樣，充滿了樂趣。

每一個人都會存在情緒週期，不管你是哈佛校長還是普通人。情緒週期所反映的正是個人情感變化的晴雨表，這種晴雨表不會發生變化，而且不受任何後天影響。但需要注意的是，工作、生活環境的變化，長時間處於緊張工作與不規律的生活中，會使情緒變得壓抑，若無法及時宣洩的話，這種情緒在到達極限以後，便會不自覺地轉化為煩悶與急躁。

除此之外，人們之所以會間歇性地出現不同程度的心理異常，還有以下幾個原因：

1. 在與周圍的世界交流的過程中，總是會不可避免地產生各種負面情緒，一旦這種「情緒」達到一定程度，就很容易出現身心失衡的情況；
2. 當工作與生活的壓力超出了身心所能承受的範圍，情緒也會發出反抗；
3. 天象也會影響情緒週期，最明顯的是「潮汐」，月亮的盈虧也會令個人的情緒出現明顯的起伏；
4. 特殊的個性、不同的環境、一些突發事件也往往會為心理異常埋下「伏筆」。

Part1　情緒的祕密：認識情緒，才能控制情緒

因此，當我們了解了心理異常情況產生的原因之後，我們應該進一步認識自己情緒的高潮期與低潮期，對此，可以按以下方法來進行：以一年中的7月為例，將縱座標標為日期，從1日排至30日，將橫座標標為不同的情緒指數，其中細分為：興高采烈、快樂、感覺還行、平常、感覺不佳、傷心、沮喪、焦慮。

每天晚上，你都可以花一些時間去細細回味一下當天的情緒，並在這種情緒相符合的一欄做標記，過些日子以後，再將這些標記連線起來。不久以後，你將會發現一個規律，而這一規律便是你的情緒韻律，這一測試通常都會非常準確。

如果你可以將這個小實驗持續幾個月的話，你便會驚訝地發現，什麼時候是你的情緒高潮期，哪幾天是你的情緒低潮期。在了解了自我情緒週期變化以後，你就能夠預測自己的情緒變化行，同時調整相應的自我行為。

當處於情緒高潮期時，你要注意讓自己三思而後行，遇事不可過於興奮，更不能隨意承諾。在這一時期，你要多為自己安排一些難度較大、較為複雜的任務，使多餘的精力可以得到最大程度的利用。

當處於情緒低潮期時，你要多鼓勵自己這樣的情況馬上會過去，讓自己打起精神來面對生活；多出去走走、多運動，

不斷地放鬆自己,放鬆心情;多進行一些健康、有益的活動;多向朋友、家人傾訴,尋找心理上的安慰與支持,順利地度過情緒的低潮期。

Part1　情緒的祕密：認識情緒，才能控制情緒

情緒反應的性別差異

日常生活中，這樣的場景或許對大家來說並不陌生：一對情侶吵架，女孩哭得撕心裂肺、大喊大叫，而男孩面露怒色卻往往悶不作聲；電影院裡播放著感人肺腑的影片，女生們隨之哽咽、啜泣甚至哭得稀里嘩啦，而男生則一般是神情凝重、淡然以對；小男孩剛學走路不小心摔倒了，年輕的媽媽大多會這樣輕聲安慰，「你是個小男子漢喲，要堅強一點」、「男子漢有淚不輕彈」⋯⋯似乎在我們心中普遍形成了這樣一種固定印象：女性情感細膩、溫柔體貼，情緒表達豐富，比較容易受到外界的影響，比男性更情緒化；而男性則情緒不太外露，情感大多穩定沉著，比女性更加堅強等。

女性的情緒變化程度的確明顯高於男性，尤其是在負面情緒中，女性對來自外界的覺醒負面情緒的資訊，關注度明顯高於男性。我們通常根據面部表情來推測他人的情緒，這並非毫無根據。很多研究已經證實：人類面部的皺眉肌區域對負面情緒事件以及令人沮喪的刺激非常敏感，而顴骨肌區域對正面事件和令人興奮的刺激更敏感，並且無論有無外界刺激，女性的面部肌肉運動都比男性的面部肌肉運動要多。這似乎可以說明男性的情感體驗少於女性的情感體驗。但事

實果真如此嗎？

一項心理學實驗結果顯示：外顯的情緒反應和內心的情緒體驗並不一致，雖然男性和女性外在的情緒反應差異很大，但是他們內在的情緒體驗並沒有太大的區別，甚至男性對情緒的體驗強度更大。換句話說，在面對同一刺激事件時，實際上男性有著和女性類似的或更強烈的情緒感受，只不過在外在情緒的表露上，男性較女性更加隱蔽，尤其是負面情緒，他們很少明顯地表露出來。

在一些令人感到悲傷的喪子之痛事件中，失去孩子之後，母親們的情緒難以自控並且持續時間比較長，情感細膩的她們不由自主地去懷念過往的美好時光，並時刻沉浸其中難以自拔，從其外顯的面部表情就能體會其內心的苦楚和喪子（女）之痛；而父親的表現則更顯理性，他掩藏起了內心的傷痛，因為他深知自己作為家裡的棟梁不能倒下、不可以倒下，家裡還有親人要照顧，還有那麼多的事情等著他去處理。

情緒反應性別差異的原因，從根本上來講與社會、文化因素有關。東方人自古以來就一直延續著「女主內男主外」的生活模式。女性擅長表達情緒、關心他人情緒，而男性則情緒穩定、沉著。在這種固有觀念的影響下，人們對不同性別的情緒反應就抱有不同的期待，期待女性是溫柔體貼的、情感細膩的，期待男性具有陽剛之氣、英雄氣概，勇敢堅強有

責任心。這種期待展現在家庭和學校的教育中，並一直影響著男性和女性在成年後的情緒變化。

因此在人們的心目中，女性多愁善感往往易於被人們接受，而男性則應遵守「男兒有淚不輕彈」的社會規範，要學會抑制自己外在的情緒反應。但事實上這樣會造成一些不良的後果，因為任何人都有情緒，並且情緒需要以恰當的方式表達出來，如果一味地壓制它，尤其是負面情緒，必然會損害身心健康。

有研究推測，如果一個人的外在情緒長期受到阻礙不能正常表達出來的話，就會造成人體內在的壓力增大從而引發某些疾病，例如，臨床數據顯示男性的心臟病發生率明顯高於女性就是一個有力的證明。

可見，無論是女性還是男性，都應該了解個人情緒的特點，關注自己的情緒健康。在此我們給出幾點建議：

男性要學會疏導情緒

負面情緒要及時疏導，即便你自認為是頂天立地的男子漢，也不要輕易選擇沉默。人在消極的時候總會聯想到很多不好的事情，陷入惡性循環。在面對低落情緒時，找個適當的時機和家人傾心訴說，或是約三五好友促膝長談，甚至是尋個安靜的角落大哭一場，都可能讓負面情緒得以緩解，讓難解的心結豁然開朗。在釋放情緒上，男性可能需要多一點勇氣。

女性要學會調節情緒

「一哭二鬧三上吊」是以前形容女性在情緒上來時,所做的傻事,她們誤將宣洩情緒當成解決問題的方式,結果反倒把事情弄得一團糟。所以,對於大多數女性而言,要學會控制自己的情緒,不要讓衝動替代思考,遇到問題時,不妨大而化之地擱置它。

尊重個體情緒差異

每個人的個性不同,表達情緒的方式也不同:女性較隨性,遇到事情會毫不保留地釋放情緒;男性較內斂,面對突發狀況會克制情感,力求理智。這樣的差異再正常不過,沒有任何優劣之分。正視個體的情緒差異,男性和女性可以相互學習,取長補短,從而讓自己熱情而不失理智,冷靜而不冷漠。

Part1　情緒的祕密：認識情緒，才能控制情緒

「思想」是情緒的雕塑師

　　拉爾夫・愛默生（Ralph Emerson）曾指出：「一個人就是他整天所想的那樣。」也就是說，只要知道你想些什麼，就能夠判斷出你究竟是一個怎樣的人。因為每個人的特性，都是由思想創造而成，每個人的命運也完全決定於他的心理狀態。思想就像是一個雕塑家，它可以把你塑造成你想成為的那個人，或是你最不想成為的那個人。

　　一個女人在她年輕的時候就發過誓，說她以後絕對不嫁姓史密斯的男人，也絕對不嫁年紀比她小的男人，更不會去從事洗盤子的工作。然而十多年過去了，她不但嫁給了姓史密斯的男人，她的丈夫比她還要小上幾歲。

　　這個女人曾經信誓旦旦地對自己說，絕對不會去從事洗盤子的工作，然而面對柴米油鹽的家庭生活，她也難免與鍋碗瓢盆為伍。這三件她曾經強烈拒絕的事情，她卻一件不差地全都做了。

　　也許你也經常遇到這樣的事情，你非常希望發生或者非常不希望發生的事情，都變成了現實。你也許會很奇怪，覺得冥冥之中彷彿有某種看不到的力量在左右著你的生活，但是你卻不知道它是什麼。所以有人說：「只要你的願望足夠強

烈,那麼世界是可以聽到你的聲音的。」真的是世界聽到了你的聲音嗎?或者聽到你聲音的其實是你自己?沒錯,其實真正左右你生活的那個神祕力量就是你的思想。

人的思想有種神祕的力量,在這種力量的作用下,你想得越多的事情,對你的吸引力就越大。你常常去想某件事,就會促使它實現。即使你想的是不希望這件事成為事實,它還是會實實在在地發生。這是因為人的心靈只能被誘導去做某件事,卻不能接受誘導不去做某件事。

就如古希臘神話中艾比米修斯告誡他的妻子潘朵拉「不要去動那個盒子」一樣,她最後一定會去動它,儘管她知道那樣做是不對的,可是她還是必須去開啟盒子。因為人的思想和心靈是根據畫面運作的。當她自言自語「我不要去動那個盒子」時,腦海裡其實出現的是一幅她正在動那個盒子的畫面。儘管她口中說著不要,腦海中開啟盒子的畫面卻縈繞不去,結果她就真的動了那個盒子。

你是不是也經常試著告訴自己:「我一定要忘掉這件事。」可是結果呢?你對「這件事」的記憶只會越來越牢固。雖然,你一直在說服自己去忽略、去遺忘,但實際上,那件事只會在你的腦海裡越來越清晰,越來越深刻,你怎麼也忘不掉。因為那件事的畫面會一直在你的腦中閃現,它的效果甚至比你說「我要記住那件事」還要顯著。

你的思想會指導你的身體按照它所提供的畫面和方向去

Part1　情緒的祕密：認識情緒，才能控制情緒

採取行動。你也許認為這很神奇，其實這是你的身體聽從思想的結果。你不想做的事情也是一樣的，因為你正在做某件事的畫面，讓你的心靈只懂得接受「去做」的直觀訊號。現在你了解了思想運作的模式，那麼，你就可以正確地利用它幫助你達成自己想要達成的願望。

比如，如果你覺得你的孩子很吵，你應該對他說「請安靜」，而不是「不要叫」，多使用正面的語言，吵鬧的情況就會改善，這就是灌輸他正向心靈畫面所產生的效果。如果你是一個新人，你上班第一天就犯了許多愚蠢的錯誤，當時你頭腦中的想法肯定是「我千萬別做錯」，可是很遺憾，你卻一錯再錯，那麼，正確的做法是告訴自己「我必須認真一點」。

又例如，我曾經在馬路上碰到一個很有趣的事情。一個年輕人推著嬰兒車，在人行道旁不斷地說著「不要急，不要急，我們馬上就可以過去了」。對於這個年輕人哄孩子的態度，我作為一個過來人是十分欽佩的。過後，我和他交談才知道，其實他並不是在哄嬰兒車中的寶寶，而是在勸自己不要著急。因為他自己是一個急性子，做事經常出錯，所以在過馬路的時候，不斷地告訴自己要有耐心。

在現實生活中這樣的事情還有很多。你需要做的是給自己積極正面的心理暗示，這樣你的心裡出現的才會是正確的畫面，你才可能按照畫面的指示去作出反應。這種正面的心理暗示，其實本身是情商對行為的調整過程。這個過程可能

不會立刻就產生效果,而是需要很漫長的時間才能顯現,這就需要我們不斷地對自己作出正面積極的心理暗示,從而發揮其對身心健康的正向影響。

　　思想就是這樣不可思議,但是它又不是無跡可尋的。高情商的人之所以做什麼事情都那麼順利,就是因為他們能夠恰當地運用思想,儘管他們也許並不知道思想的準確運作模式,可是他們積極樂觀的生活態度卻有意無意巧妙地遵循了這種正確的思維執行模式,所以他們很容易就使自己的人生達到理想的境界。而現在的你已經了解了思想的真相,即使你的情商本身並不高,那麼是不是也應該學會去運用這條定律呢?你會發現思想是情緒的雕塑師,只要改變思想,就能塑造生活,只要改變思想,就能成為你想要成為的那個人。

Part1　情緒的祕密：認識情緒，才能控制情緒

Part2
情緒與情商：
能夠控制情緒是心智成熟的表現

> 自從美國哈佛大學心理學系教授丹尼爾.高曼提出了「情商」一詞後,世人便愈發關注心理學與情商之間的關係。當我們想要提升情商時,從心理學角度去觀察情緒,矯正情緒,從而全面地提升自己的涵養,無疑是一種快速而又有效的途徑。

Part2 情緒與情商：能夠控制情緒是心智成熟的表現

什麼是情商

「情商」一詞由美國的心理學家彼得‧沙洛維（Peter Salovey）和約翰‧梅爾（John Mayer）在 1990 年正式提出。他們認為：所謂情商就是情緒智力，包括個人的恆心、毅力、忍耐、直覺、抗挫力、合作精神等方面的內容，情商與人的抗壓性密切相關，它是一個人感受、理解、控制、運用自己以及他人情緒的一種情感能力。

「情商」這個概念一經提出，便引起了人們的普遍關注和重視。許多企業管理人員都把情商理論積極地應用到實際工作中。

紐澤西州聰明工程師思想庫 AT&T 貝爾實驗室的一位負責人，曾經用情感智商的有關理論，分析他的職員，結果他發現，那些工作績效好的員工，的確不都是具有高智商的人，而是那些情緒傳遞得到回應的人。

這表明，與社會交往能力差、個性孤僻的高智商者相比，那些能夠敏銳了解他人情緒、善於控制自己情緒的人，更有可能得到自己所需要的工作，也更可能取得成功。

1995 年 10 月，美國《紐約時報》專欄作家丹尼爾‧高曼出版了《情商》一書，把情感智商這一研究新成果介紹給大

眾，該書迅速成為世界性的暢銷書。一時間，「情感智商」這一概念在世界各地得到廣泛的宣傳。

那麼情商具體是什麼？它具有怎樣的作用呢？簡單來說，情感智商是自我管理情緒的能力。和智商一樣，情商（Emotional Quotient，簡稱EQ）是一個抽象的概念，是一個度量控制情緒能力的指標。它具體包括情緒的自控性、人際關係的處理能力、挫折的承受力、自我的了解程度，以及對他人的理解與寬容。

康農來自美國的伊利諾伊州，是一位議員，在剛上任的時候就受到了其他議員的嘲笑：「這位從伊利諾伊州來的先生口袋裡恐怕還裝著燕麥。」他們這麼說是在嘲諷他身上的農夫氣息，而這樣的嘲笑讓他很難堪。不過，當時他並沒有情緒失控，而是很平和地說道：「我不僅口袋裡有燕麥，而且頭髮裡也有著草屑呢，西部人嘛，難免會有些鄉土氣的，不過我們的燕麥和草屑，卻能長出最好的苗來。」

康農很好地控制了自己的情緒，在受到諷刺後，並沒有惱羞成怒，而是順著對方的話，做了很巧妙的回答。這之後康農逐漸聞名全國，被人們稱為「伊利諾伊州最好的草屑議員」。

從康農的事例可以看出，情商是一種情緒管理的能力。曾任美國總統的喬治・沃克・布希（George Walker Bush）說過：「你能調動情緒，就能調動一切。」情商高的人，他們管理自身情感的能力比較強，與人相處起來會相對融洽。反

Part2　情緒與情商：能夠控制情緒是心智成熟的表現

之，情商低的人，則會經常情緒化，容易大喜大悲，社會適應能力差，人際關係顯得很緊張。

一個人在生活中總是會遇到種種不如意，有的人大動肝火，結果事情會變得越來越糟；有的人則泰然處之，在生活中立於不敗之地。其實人類的情緒體驗是無處不在的，這些情緒包括正面和負面兩方面，進行情緒管理，已經成為一種必要。

有人說，情商的高低決定了人生的成敗，這句話不無道理，因為情商對於人生的作用日益重要，從情商所展現的幾種功能上我們便能知曉一二。

辨識、評價與表達功能

情商首先表現為對自己的情緒能及時地辨識，知道自己情緒產生的原因，還能透過言語和非言語（如面部表情或手勢）的手段，將自己的情緒準確地表達出來。

人們不僅能夠覺察自己的情緒，而且能覺察他人的情緒，理解他人的態度，準確地辨識和評價他人的情緒。這種能力對人類的生存和發展是很重要的，它使人與人之間能相互理解，使人與人之間能和諧相處，有助於建立良好的人際關係。

調節情緒功能

人們在準確辨識自我情緒的基礎上，能夠透過一些認知和行為策略，有效地調整自己的情緒，使自己擺脫焦慮、憂鬱、煩躁等不良情緒。

如有人在跳舞時能體驗到快樂的心境,找朋友談心可以產生正面的情感。當人們心情不佳時,就可以採取這些方式迴避負面的心境,使自己維持正面的情緒狀態。

同時,人們也能在覺察和理解別人情緒的基礎上,透過一些認知活動或行為策略,有效地調節和改變其他人的情緒反應。這種能力也是情感智商的展現。

解決問題的能力

研究顯示,情商在人們解決問題的過程中,能影響認知的效果。情緒的波動可以幫助人們思考未來,考慮各種可能的結果,幫助人們打破定式,或受到某種原型的啟發,使人們創造性地解決問題。

茫然的情緒能打斷正在發生的認知活動,但人們可以利用這種情緒,審視和調整內部或外部的要求,重新分配相應的注意力,把注意力集中於最重要的部分,更有利於抓住問題的關鍵而解決問題。

同時,情緒是一個基本的動機系統,它具有動力的作用,能激發動機來解決複雜的智力活動。充分發揮情緒在解決問題中的正面作用,也是一種情緒智力,在這方面,每個人的情商也是不同的。

要把這些不同的能力有機地結合在一起並不容易,而情商能有效地發揮這種作用,它把這些作用有機地結合在一

Part2　情緒與情商：能夠控制情緒是心智成熟的表現

起，然後來左右人們的思維，決定人們的判斷，譜寫人們的未來。

情商是一種表達情感的藝術，一個不懂得控制自己情緒的人，很難獲得成功。因為太容易情緒化會讓一個人喪失理智，從而作出不符合實際的判斷。如果想要在未來有所成就，人們就要學會控制自己的情緒，這也是提高情商的辦法。

情商對於人生的重要意義

　　美國的報紙上曾有一篇轟動一時的新聞報導：在蒙巴爾大橋上，一個 30 歲左右的男子快速越過橋上的護欄，縱身躍入蒙巴爾河。

　　這件看似普通的自殺事件，之所以會一石激起千層浪，成為當時人們議論的焦點，是因為自殺的人看上去並不普通。這是一位名叫伊頓的年輕人，他三年前從著名的史丹佛大學取得了博士學位。

　　正是這個名校博士的身分引起了人們的極大關注，按理說這樣一個高學歷的人才，應該擁有很精彩的人生，輕生這種事情不應該發生在他的身上才是。

　　可是很快人們就透過一系列的報導發現，伊頓並沒有擁有人們所羨慕的精彩人生。他在博士畢業後一直在一家不知名的企業工作。在三年多的時間裡，老闆和所有的同事竟然對他沒有太深的印象，只知道他孤僻、冷漠，除了工作，從不與人交往。而且，他的職位也很一般，他只是一位普通的管理人員而已。

　　媒體不厭其煩地走訪了伊頓的母校，難以置信的是，伊頓在校時表現十分優異，而且，他與他的導師同是數項重

Part2　情緒與情商：能夠控制情緒是心智成熟的表現

要研究成果的擁有者。正是這樣一位能力出眾的高材生，卻把自己的人生過得一塌糊塗，甚至草草收場，這究竟是為什麼？

這個問題如果僅僅從他在伊頓大學的學習來推斷，顯然無法得出令人滿意的答案。可是如果我們把它列入情商的範疇，那麼答案就很明顯了──因為他的情商太低。

這個答案看上去非常不近人情，可是這就是事實。優異的學業成績，並不意味著你在生活和事業中能獲得成功。成功不僅取決於個人的謀略才智，在相當程度上，還取決於正確處理個人情感與他人情感關係的能力，也就是自我管理和調節人際關係的能力。

心理學家普遍認為：對自己和他人情緒的評估能力是一個人最基本的情商。高情商者之所以更受歡迎，在於他對自己和他人的情緒能作出準確的判斷，在此基礎上調整自己的言行，而低情商者則因無法認知自己和他人的情緒，容易陷入心靈的困境中不能自拔，在現實生活中處處碰壁。而不斷碰壁的結果就是讓低情商的人不斷地產生挫敗感，當他們這種感受無以復加的時候，也就是他們情緒崩潰的時候。一個人情緒崩潰最壞的結果不是結束自己的生命，而是仇視和報復社會，進而引起一系列妨害社會和他人生命安全的可怕事件。

所以，你現在知道情商對一個人甚至對整個社會是多麼

重要了吧,而我們要做的遠遠不只是了解它的重要性。如果我們不想讓自己的人生也發生如此可怕的事情,那麼我們就必須從這一刻開始認真對待自己的情商。你要先了解自己的情商在怎樣一個範疇,然後試著去透過一系列方法提高它。例如下面四個提高情商的方法:

善意地理解他人,接受他人幫助

我們不需要懷著其他人的幫助都是不懷好意、有所企圖的想法,因為大多數人的幫助都是善意的,一味地拒絕他人的幫助也是一種不夠成熟的表現。學會接受別人的幫助和建議,不固執己見,是一種高情商的表現。

嘗試去寬容理解他人

每個人都有自己的優勢和不足,尤其是工作中,或許同事不能及時完成工作,又或許完成的品質不合格,在面對這樣類似的情況時,我們通常會為之惱火氣憤。但仔細思考一下,其實每個人的成長經歷不同,擁有的資源也不同。如果對方已經很努力工作了,那麼單純的責備絕沒有比理解、寬容和鼓勵對方更有效果。

不要嘗試去改變他人

在我們的生活中常常會出現一種情況:當我們很想去幫助自己很關心的人的時候,我們可能會覺得他的狀態太糟糕了,想快速且有效地去改變他的狀況,但結果往往都差強人

> Part2　情緒與情商：能夠控制情緒是心智成熟的表現

意，甚至適得其反。你要明白，我們不能將自己的意願強加給別人，我們應該把自己認為正確的、有用的分析和理解告訴他，最後他的決定無論是什麼，我們都應該理解和尊重。孔子說「己所不欲，勿施於人」，而實際上「己之所欲，亦勿施於人」。學會尊重他人的選擇，對提高情商有著重要的作用。

學會控制自己的情緒

情緒對人的思想和行為有著很大的影響，一個人在情緒高漲或身心愉悅的時候面對朋友的求助，往往會欣然接受，且盡心盡力。而情緒低落或氣憤難過的時候，對於朋友的求助，通常會橫眉冷對甚至嚴詞拒絕。當自己處在盛怒的狀態時，要學會控制自己的情緒，因為你要明白，不能因為自己很氣憤就可以對他人發洩你的不滿。學會控制自己的情緒才能維護好你和身邊人的關係。

在提高情商的過程中，你會發現它讓你學會審視和了解自己，學會怎樣激勵自己，你將不會再無助地聽任負面情緒的擺布，你將能夠從容地面對痛苦、憂慮、憤怒和恐懼。這對你的人生有多麼重要你應該很清楚，不要以為成功只依賴於正面的東西，你要先保證負面的東西不拖後腿，才可能穩步前進，不是嗎？

負面情緒讓人失去理智、智商下降

負面情緒是人類自我保護的一種模式，短暫的負面情緒可以讓智商暫時下降，大腦停止思考。這個時候建議大家別急著處理情緒，聰明的做法是給自己一個心理暗示，告訴自己：「我現在正處於負面的情緒裡，我很快就會把這個情緒儲存起來，往正向的情緒轉換。」如果隨便處理，反而會變得糾結。

你當下要做的是，先陪著自己的情緒走一段路。你可以享受這種短暫的智商休息時刻，順其自然，什麼都不做，然後再選擇用自己最擅長的方法讓自己從負面情緒裡擺脫出來。比如工作、逛街購物、美食……一定要讓自己忙碌起來，而所有忙碌裡，運動是轉化負面情緒的最好方法之一。

上面是暫時處於負面情緒裡時要做的事情。但是如果持續處在負面情緒裡，問題就更複雜一些了。情緒的能量無法釋放，就會產生不好的結果。

比如說壓抑，讓能量糾結成團，這樣對自己身體的狀態、內分泌功能的影響就會很大。可能導致身體產生區域性腫瘤和包塊，情緒不佳的女性易出現乳房結節就是這個原因。把情緒壓起來放在體內的人，屬於比較糾結的人，這種

Part2　情緒與情商：能夠控制情緒是心智成熟的表現

人往往是看上去比較聰明，其實在情緒控制方面不太拿手。

十多年前，有個叫德維恩的人不小心在工作中將背部弄傷了，不久，公司便將他解僱了。失去了工作的德維恩一直承受著痛苦的折磨。他是一個非常喜歡生氣的人：會因為受傷而生氣，因為傷口無法痊癒而生氣，因為公司的不公平對待而生氣，也會因為家人與朋友的忽視而生氣，甚至，他還會對上帝生氣，他認為自己之所以會遭遇這樣的痛苦，完全是上帝造成的。

在大多數的時間裡，德維恩都會將自己關在家中，他從來不聽廣播，不看電視，也不回朋友的電話，而且一直為自己的不幸生活鬱鬱寡歡。就這樣，他將自己完全封閉了起來。只要一有人問起他從前生活的相關細節，他馬上會變得非常生氣，眼淚也會突然奪眶而出，臉立即變得扭曲，同時大聲吼叫道：「不知道！去他們的！」

有一天，德維恩難得出門，正在街上走著的時候，他突然看到了一個從前與自己發生過矛盾的同事。突然，他雙手抓著胸口，一下子摔倒在地。隨後，他被急救車送進了當地的醫院，在那裡，他對醫生說，自己在看到了那個人之後，便立即火冒三丈，接著，胸口便有一種劇烈的疼痛，而醫生告訴他，他不幸患上了心臟病。

之後，憤怒的情緒便再也沒有離開過德維恩。在 41 歲那

年,他的心臟病第二次發作。在醫院裡,所有的家人、權威專家與牧師圍在他的身邊,向他發出了「最後通牒」:你不能再這麼憤怒了,不然死亡很可能會帶走你的生命,因為你的心臟再也無法承受這樣的刺激了。此時,德維恩的臉上再一次出現了大家早已習慣的表情,眼淚也跟著流了出來,他大聲吼道:「不!我不願意接受這一切!我寧願死,也不能不生氣!」

他的話語預告了他的死亡:三個星期後,當德維恩再一次地對著電話向他人大發脾氣時,他的心臟病第三次也是最後一次發作了。當家人發現他的時候,他早已死去,手中還牢牢握著間接導致他死亡的電話筒。

德維恩明知道生氣對自己來說是致命的,卻偏偏無法控制自己的情緒,確切地說,是他沒有想過要為此做出任何改變。長期的負面情緒讓他失去了理智,也降低了他的智商,他不知道如何正確地釋放壞情緒,還為此付出了生命。

聰明的人會釋放情緒,所謂情緒釋放就是跟著情緒走。在適當的範圍內,在不傷害別人的狀態下,讓情緒自然流動。比如,透過叫罵把能量釋放出去,透過打、透過哭喊釋放能量,眼淚把能量帶走,悲傷也就被帶走了。

有智慧的人不局限於釋放,而是會轉化情緒。比如當別人罵你的時候,你說:「謝謝你,我感激你,你又修練了我一

> Part2　情緒與情商：能夠控制情緒是心智成熟的表現

次，讓我看清了我情緒控制的能力有多高。」處理情緒的方式決定了你是可以藉助情緒的能量提升自己，還是讓它聚集在體內成為一種災難性的包塊。這就是我們為什麼要學習、了解、修練情緒，提高情商。

轉化負面情緒的心理暗示我們在後面會具體講，這裡先告訴大家最基礎、最簡單的六個方法：

1. **語言刺激**：時刻給自己正面的心理暗示，而且是長期暗示。

2. **視覺刺激**：多看大場面的電影，多看一些關於自然、宇宙的畫面。

3. **聽覺刺激**：多聽氣勢宏大、積極向上的音樂。

4. **體覺刺激**：多運動，尤其是積極向上的運動，比如跑步，或者其他能讓你覺得興奮的運動。

5. **觸覺體驗**：多看、觸控色彩豔麗的物品，綜合運用自己的視覺、觸覺去感知美好的事物。

6. **整體感覺的體驗**：多跟積極快樂、有正向情緒的人在一起。

這六個方法其實都能造成放空你的大腦，讓它接受積極暗示的功效。尤其是第六條，情緒很好的人，就像太陽一樣，周圍的人會被傳染。人和人面對面的時候，心理的能量情緒影響範圍大概三公尺遠，三公尺遠你就能感到他的熱

情、奔放。所以為了提高注意力，舞臺的燈光要很亮，要把主角燦爛地呈現出來。多去和積極快樂的人接觸，你的負面情緒就會瞬間被處理掉。情緒高漲的時候，人的適應能力最強，更不容易受到傷害。所以人要成功，一定要長期處在一種正面且興奮的狀態。

Part2　情緒與情商：能夠控制情緒是心智成熟的表現

長期處於正向情緒的人情商自然高

　　一對夫妻開車回家時，妻子不小心撞上消防栓導致翻車，從車裡爬出來後雙方身上已經是血跡斑斑，但所幸都沒有生命危險。在等待救助的期間，丈夫提議和妻子合個照！因為他覺得和老伴一生經歷的所有糗事都值得記錄下來留作紀念……要是換成其他夫妻，或許這時已經吵得不可開交了吧！

　　既來之，則安之。既然事情已經發生了，就勇敢樂觀地去面對，不抱怨、不沮喪，也不過分自責和責備他人。也許有人會嘲諷說，都出車禍了還有心情拍照，心可真大！但樂觀的人做事情就是這樣：「兵來將擋水來土掩」，不抱怨，因為一切都是最好的安排，哪怕是生命終結的那一天，也要笑著去面對。出了車禍，車壞人傷，浪費了時間、金錢，耽誤了行程，本就夠糟糕的了，承受這麼多損失後再吵架、再互相指責有用嗎？只要人還在，一切就都好辦。人生除了生死其他都是「小事」，心態好一切就都會好。

　　在糟糕的事情面前，能夠管理和控制好自己的情緒，就是高情商的表現。一名英國心理學家認為，情商包括這幾方面的能力：能夠認識自己的情緒，能夠妥善管理自己的情緒，

能夠自我鼓勵,能夠體會他人的情緒。我們說一個人情商高,通常就是說這人很會辦事、很會處理人際關係。的確,情商高的人除了開朗、自信,能夠調控好自己的情緒外,還能設身處地為他人著想,用自己的正向情緒感染他人,這就是為什麼情商高的人總是能夠受到人們歡迎,因為他們身上時時刻刻充滿和傳遞著正能量,給人帶來舒適向上的感覺。

在普吉島的 Club Med(地中海俱樂部)度假村曾發生過這樣一件事:

一天,人們在大廳看到一位滿臉歉意的日本工作人員,半蹲在那裡不停地安慰著一個大約 4 歲的澳洲小朋友,而這位小朋友已經因飽受驚嚇而哭得筋疲力盡了。後來才知道,原來是這位日本工作人員犯了錯誤,由於那天小朋友非常多,她一時疏忽,在兒童網球課結束後少算了一位,而將這位澳洲小朋友留在了偏遠的網球場。等到她發現人數不對趕緊跑回網球場時發現,小朋友嗓子都快哭啞了。想想才 4 歲的小孩,當他一個人面對著陌生而空曠的網球場時,他該是多麼孤獨無助和悲傷啊。

不久後小朋友的媽媽過來了。如果你是這位媽媽,看著自己的孩子在那裡哭得一塌糊塗,你會怎麼做?痛罵那位工作人員一頓?很生氣地將小孩帶走,再也不參加「兒童俱樂部」了?直接向主管抗議?

都不是!人們看到的是,這位媽媽走過來後,蹲下對自己的孩子輕聲安慰著,並且很理性地告訴他:「寶貝,已經沒

Part2　情緒與情商：能夠控制情緒是心智成熟的表現

事啦，那位姐姐因為找不到你而非常緊張難過，她不是故意的，現在你去親親那位姐姐的臉頰，安慰她一下！」

當下只見那個4歲的小孩，墊起腳跟，親了親蹲在他身旁的日本工作人員的臉頰，並且輕輕地告訴她：「不要害怕，已經沒事了！」

自己感到難過害怕的同時，也別忘了別人心裡的感受。不得不說這位澳洲媽媽的情商實在是很高，在看到自己的孩子受到委屈後，她首先想到的是如何理性地處理問題以把傷害降到最低，她理解孩子的感受同時也看到了那位工作人員表現出來的內疚和自責，她的做法不僅及時安慰了自己的孩子，也教會了孩子寬容待人。試想，如果生氣地怒罵工作人員或者採取其他極端方式來表達自己的不滿，對於事情的解決有什麼好處嗎？怕是只會讓自己的孩子更加受到驚嚇吧。

現代心理學家普遍認為，情商水準的高低對一個人能否取得成功有著重大的影響，有時甚至要超過智力水準。的確，當今社會競爭空前激烈，僅有高智商並不能保證事業成功、人生幸福。

情商高的人懂得如何控制自己的情緒，而情商低的人總是想去控制別人的情緒。情商低的人會從自己的角度去和他人溝通，而情商高的人會從他人的角度去和對方溝通，他們不會總是一味地說「我」如何如何，而總是把「您」放在前邊。

如何保持正向情緒以提升自己的情商呢？有專家給出如下幾條建議：

尋找產生負面情緒的原因

當發現自己悶悶不樂時，應當及時分析原因，找到癥結點，集中精力對付，處理掉自己的負面情緒。

保持充足的睡眠

心理學實驗結果表明，睡眠不足對情緒影響極大，會導致人心情不暢。

飲食合理

良好的飲食習慣是確保心情愉快的必要條件。研究顯示，咖啡和糖的攝取可能會使人過於激動，而各種水果、稻米和雜糧更能使人心境平和舒暢。

親近自然

進行戶外運動，或者在辦公桌上放幾盆多肉植物也是個不錯的選擇。

經常運動

健身能使人體產生一系列生理變化，功效可能會大於提神醒腦的藥物。

Part2　情緒與情商：能夠控制情緒是心智成熟的表現

保持積極樂觀

很多人總是把自己的負面想法當成現實，心理學家 Randy Larsen 曾對著鏡子改變自己的表情，他說，當僵硬的表情和緊縮的眉頭改變後，那些負面的想法也沒有了。

生活中，沒有人喜歡和每天緊張焦慮的人做朋友；職場上，主管很少會重用時時充滿悲觀情緒的員工。人們總是喜歡和自信樂觀、擁有良好心態的人相處，因為只有這種正能量才能讓人如沐春風。讓我們管理好自己的情緒，不做情緒的奴隸，學著做一個高情商的人吧！

對自己的情緒負責是成熟的表現

若有人問你，什麼是成熟？成熟的主要表現是什麼？你將如何作答？猜想向 100 個人提出這兩個問題，100 個人都會給出截然不同的答案。我們不得不承認的是，情緒是否穩定是檢驗一個人成熟與否的主要標準與方法，可以說，那些可以令人培養起穩定情緒的方法，同樣也可以讓人變得更加成熟起來。由此看來，成熟與情緒穩定有著必然的連繫。

讓我們再一次回到 2009 年 4 月 2 日於歐洲區進行的南非世界盃足球預選賽。

這一天，大名鼎鼎的歐洲豪門德國隊與默默無聞但是擁有雄厚實力的威爾斯隊展開了激戰。眾所周知，歐洲球隊無弱旅，雙方的比賽自然進行得異常激烈。當比賽進行到下半場的第 38 分鐘時，球場上風雲突變，出現了令人驚訝的一幕：時任德國足球隊隊長的中場大將米歇爾·巴拉克 (Michael Ballack) 在組織完一次積極的防守後，抬手指向在 2006 年世界盃一戰成名的德國年輕前鋒盧卡斯·波多斯基 (Lukas Podolski)，因為這個年輕而驕傲的球員在剛剛的防守中沒有使出全力。

此時，令人驚訝的事情發生了：正在為自己沒有進球而

Part2　情緒與情商：能夠控制情緒是心智成熟的表現

懊惱的波多爾斯基將巴拉克的手臂憤怒地撥開，並順手給了這位在德國隊功勳卓著的名將一個響亮的耳光！

所有人都沒有料到，波多爾斯基竟然敢如此無禮、如此衝動。而隊友們則認為，在大庭廣眾之下被抽耳光的巴拉克絕對不會忍受這樣的奇恥大辱。但在當時，巴拉克只是捂了一下自己被打的臉頰，又全身心地投入了比賽中。

此時，德國隊主教練看到局勢發生了變化，迅速調整了人員配置，將情緒過於激動的波多爾斯基換下場。

這場比賽德國隊最終以 2：0 完勝威爾斯隊，為自己進軍南非世界盃打出了漂亮的一仗。

比賽結束後，波多爾斯基淪為眾矢之的，而巴拉克卻因為異乎尋常的冷靜贏得了一向尖銳的球迷與媒體的支持。賽後，面對著媒體的追問，巴拉克並沒有對波多爾斯基在場上犯下的過錯做過多的指責，只是說：波多爾斯基還年輕，當時我只是想與他進行正常的戰術討論，他還有很多東西需要學習。也正是因為巴拉克大度的保護，使得波多爾斯基得以免受更多的輿論譴責與足協處罰。對於巴拉克賽中的容忍、賽後的保護，波多爾斯基既羞又愧，他說自己就像是一個白痴一樣，而那個耳光本來完全不應該發生。

在過去，我們根本不了解什麼才是真正的成熟，只不過，在這幾年，越來越多的專家開始闡述成熟的具體概念，

同時指出了什麼樣的素養才是成熟，這樣我們才真正地了解了成熟的含義。當然，這樣的成熟與情緒控制能力存在著必然的連繫。在哈佛人看來，成熟便是要改變自己，不斷嘗試著去面對自己的問題：當你不斷地調整自我行為，以使改變可以更好地與個人目標相契合時，你的個人成熟度也在不斷增加。

可以說，成熟既展現在生理指標上，同時也展現在個人心理思想上。成熟者總是擁有明確的獨立觀點，同時可以很好地處理自我與外界的連繫。成熟不僅是一種能力，更表現為一種在面對不同生活境遇時，如何調整自我去做適應環境的行為，它表現在具體的行為與心理上。在面對突如其來的變故時，成熟者總是會照顧到各方面，盡量從最有利的角度入手，解決問題。不成熟的人則無法考慮全面的問題，他們只會憑藉一時的衝動來處理問題，很少會顧及後果。而我們所說的情緒穩定，正是要讓人們學會使用成熟者的思維方式來處理現實生活中遇到的問題。

人總是在不斷的變化中走向成熟，當你將自己的現在和過去縱向比較時，你便能夠發現，在歲月的流逝中自己變得成熟了；當然，你也可以與周圍的人相比，這種橫向比較會讓你更明確自己的優勢在哪裡。以下是一些成熟者展現出來的心理特徵與行為特徵，你可以試著與自己比較，看自己是否符合成熟的標準。

Part2　情緒與情商：能夠控制情緒是心智成熟的表現

信守承諾

　　成熟者不會出爾反爾，他們對自己的每一個承諾都非常重視，在承諾之前，也會進行周密的考慮，看自己是否有能力去兌現承諾，如果自己無力兌現，他們便絕對不會承諾。他們的每一句話都可以讓他人感受到信任與放心。那種「滿嘴講大話」、遲遲拿不出行動的人，根本稱不上成熟。

不誇誇其談

　　成熟者不習慣高談闊論，這並不代表他沒有演講能力、不具備號召力，相反，他們會適當地沉默，更會在正確的時刻表達自己的觀點。通常情況下，他們不會將自己的奮鬥過程、偉大的夢想輕易示人，他們的精彩往往沉澱於思想上。

有學識，懂得內斂

　　成熟者總是在不斷地追求進步，他們閱讀，接受新事物、新資訊，並不斷豐富自我內涵。但是，他們從不張揚，他們只有在必需的時候才會展現自己的才華，而且絕對不會為了滿足自己的虛榮而去刻意地賣弄。他們就如同一杯陳年老酒，讓人越品越有味道。

擁有寬廣的心胸

　　成熟者從來不會貪圖小便宜，更不會斤斤計較，他們不會在乎吃點小虧，更不會向他人喋喋不休地抱怨。他們的眼

光從來不會被瑣碎牽絆。在必要的時候，他們往往會展現出令人無法忽視的包容能力。

不以自我為中心

成熟的人總是會尊重自己，更會尊重他人。他們習慣換位思考，站在他人的立場上考慮問題。他們不會強求別人遷就自己，懂得與他人合作。

勇於大膽承認自己的錯誤

成熟者樂於接受不同的意見，他們善於從眾多的建議中甄選出最佳答案；在面對自己的不當決策時，他們總是勇於承擔後果，而且從來不會找藉口故意推諉責任。

擁有著堅定的意志

那些擁有成熟品格的人一般都擁有處變不驚的抗壓性，一旦確定了自己的奮鬥目標，他們便會朝著它不斷地努力。在遇到了挫折以後，他們會不斷地分析原因，吸取教訓，對自我人生方向及時的修正，但是他們從來不會輕易退卻。他們也會產生疲憊之感，但是在休整之後，又會信心十足地再次出發。

泰戈爾曾說：「除了通過黑夜的道路，無以到達光明。」在通往成熟的道路上，不存在終點，只有不斷的行程。令人無奈的是，想要獲得成熟，你必須要經歷無數的人生挫折。

Part2　情緒與情商：能夠控制情緒是心智成熟的表現

成熟並非不犯錯誤、不會衝動，而是自己能真正地從錯誤與衝動中吸取教訓。真正的成熟往往與理性、純真、道德統一在一起。成熟之美在於，時間與代價是你永遠必須持續付出的，而在時間的歷練之下，成熟者會不斷完善自我情緒，讓自己變得更好。

透過情商的自我訓練，
培養出健全的人格

在一間教室裡，15 名小學五年級的學生圍成一圈，盤坐在地上準備上課。上課前，老師開始點名，喊到名字時，學生不是傳統式地答應一聲「到」，而是報分數來表達他當天的心情。1 分表示心情低落，10 分表示情緒激昂。看來這一天大家的心情都很不錯：

「邁克。」、「10 分：因為是週末，我心情很好。」

「瑪麗。」、「9 分：有點興奮，還有點緊張。」

「喬治。」、「10 分：我覺得很快樂。」

這是紐約學習中心情商自我訓練班的上課情況。自我訓練班學習的主題，是個人及人際關係互動中產生的感覺。要探究這個主題，老師和家長都必須專注在孩子的情感生活上，這正是絕大多數學校和家長長期忽略的課題。

訓練班以孩子們在生活中遇到的實際問題為題材，比如被排擠的痛苦或是嫉妒，以及可能引發打鬥的紛爭等，都是上課討論的主題。該校的主任兼課程設計人指出，孩子的學習行為與他們的感覺息息相關。情商對學習效果的影響，絕不亞於數學或是閱讀等方面的引導。

Part2　情緒與情商：能夠控制情緒是心智成熟的表現

　　情商教育的根本價值在於：讓人們在學習中不斷地累積經驗，直到在腦海中形成明朗的路徑，以至習慣成自然，在面臨威脅、挫折或傷害時，就可以收放自如了。這種看似平凡而瑣碎的課程，卻可以培養出較為健全的人格。

　　這種課程對孩子的人生發展大有裨益。將來，無論他們是扮演朋友、學生、子女、配偶、員工、老闆、父母、市民等任何角色，都更為稱職。這正是當今社會迫切需要的。當然，不可能每個人都跑到紐約去專門學習這項課程，然而我們卻能夠透過情商的自我修練來完善自己個性當中缺失的部分。

　　你可以像課程中示範的那樣，每天在出門之前幫自己的心情打個分，然後認真分析自己的這種心情是否有利於自己一整天的生活。如果有利，那就繼續讓它保持下去；如果不利，那就找出原因，認真分析，想辦法讓不良情緒在你上班或赴約的途中得以緩解。將這種方式長期堅持下去，你就會發現自己在遇到問題時不會再像以前那樣六神無主或驚慌失措，你能夠正確分析和掌握自己的情緒，在越來越多的情況下都能夠收放自如。

　　情商修練的方法當然不止這麼簡單，我們要說的是一種堅持正確方式的態度，讓好的東西成為自己的習慣，去潛移默化地指導自己的生活，這就是高情商者練成的法則。

也許很多高情商者本身對此沒有什麼特別意識,但是他們已經在潛意識當中指導自己這樣去做了。對於已經意識到自己的情商有待提高的我們而言,雖然不能像高情商者那樣在自我意識當中自動形成,可是我們卻可以透過人為的強制執行讓自己主動去改變。

Part2　情緒與情商：能夠控制情緒是心智成熟的表現

積極的心理暗示能改變人生

　　日常生活中，心理暗示現象普遍存在，每一天，不同的暗示都會在不同程度上對我們的生活產生正面或負面的作用。正面的心理暗示會讓我們發現生活中的動人之處，擁有勇敢前行的勇氣；負面的心理暗示會讓我們對自我、對現實失望，進而陷入自我認知所導致的沮喪情緒中。在現實生活中，我們應該學會盡量多給自己一些正面的心理暗示，避免過度負面的心理暗示。

　　在哈佛大學的心理課上，曾經出現過這樣一幕：教授們向同學們介紹了一位來賓──「菲利博士」，教授告訴他們：「菲利博士是一位舉世聞名的化學家，今天他到這裡來，是為了做一個實驗。」

　　之後，菲利博士從自己的皮包中拿出了一個裝有不明液體的玻璃瓶，同時告訴大家：「這是我近期正在研究的一種物質，它具有極強的揮發性，一旦我拔出瓶塞，它便會馬上揮發出來，但是，它對人體並沒有危害，可是會有一定的氣味。當開啟瓶子的時候，請那些聞到了氣味的同學立刻舉手示意。」

　　說完，菲利博士便拔出了瓶塞，同時拿出一個碼表。一會兒之後，只見所有的學生都舉起了手。

教授此時告訴學生們：「好，同學們，我們的實驗結束了。但是，很遺憾的是，我不得不告訴你們，菲利並非一名博士，他只是我們學校中其他分院的一位老師，而那個瓶子裡面裝的，不過是普通的蒸餾水。」

聽完教授的話，同學們面面相覷：剛才實驗進行過程中，自己的確聞到了一種氣味，這到底是怎麼回事？

教授此時也已經看到了學生們的疑惑，他做出了解釋：「這便是我們這一堂課需要去學習的東西：我們會不斷地接受周圍人的暗示，並相信他人的話語，當菲利博士暗示瓶子裡裝了一種氣味很小的化學物質時，你們相信了，同時也相信自己聞到了那種特殊物質的氣味。」

也許你不會相信這樣的心理暗示，但是，在現實生活中，這樣的暗示的確存在：當你發現周圍有人在不停地打哈欠時，你也會不由自主地跟著打起哈欠來；有人不斷咳嗽時，你的嗓子也會開始發癢；當看到了他人正在全力奔跑時，你的腳步也會在不知不覺間變得快速起來。

通俗而言，心理暗示便是透過一些潛意識可以理解、接受的各種語言與行為方式，幫助自我意識達成願望或者直接啟動行為，使個人潛能得到全面的發揮，令潛意識中的力量得到調動。

心理暗示現象在我們的生活中極為普遍，而且它每天都

在不同程度地對我們的生活產生影響。這種暗示是一把雙刃劍，它可以讓我們感受到生活的積極面，也可以讓我們陷入負面的情緒中。在現實生活中，我們應該不斷嘗試著多給自己一些正面的暗示，避免負面暗示。

學會與自己說話

調動自我暗示的最有效方法就是對自己有聲地說話，將內心深處的「潛意識」充分調動起來。你可以站在鏡子前面，看著自己的眼睛，真誠地表達個人願望的：「你馬上就要面對這項至關重要的工作了，我相信你的實力，只要你願意努力，你一定會成功的！加油！」

在你初次這麼做的時候，可能你會感覺到難為情，並認為自言自語的樣子有些傻；但是，在多次的嘗試之後，你便會發現，經過這樣的心理暗示之後，你往往會變得更加積極樂觀，思維與行動效率也會不斷提高。

將內心感受表達出來

心理學中有一種內省法，是讓人冷靜觀察自我的內心深處，然後，再將觀察的結果如實地講述出來。當你的信心不足時，你應該與家人、朋友多交流，讓自己將心理話全部如實傾訴出來，這樣的方式會讓你心理上的壓力得到有效的釋放，讓你獲得他人的安慰、鼓勵與支持，使自我信心不足的狀態得到有效緩解。

將挫折與失敗當成最後一次

在遭遇了失敗與不順的事情後，你應該嘗試著告訴自己：「這是我所能遇到的最糟糕的情況了，不可能再有比這更倒楣的事情出現了。」當你這樣告訴自己以後，你的潛意識便會意識到，既然「最糟糕的事」都已經出現了，那麼，接下來事情便會向著好的方向發展了。這樣做會讓自己的信心增加，使內心安全感有效增強。

不要過度強調負面的資訊

你不要總是對自己做出這樣的提醒，「昨天我還有一半的工作沒有完成」、「這類問題總是會讓我感覺到無助」等。越是擔心，事情便越會發生。聰明人總是避免使用失敗的教訓來提醒自己，而是使用更正面的暗示，如「我還有一半就完成工作了」、「這樣的問題多遇到幾次就會有經驗了」等。正面而積極的指導與暗示，比起一味地強調負面結果，會擁有更好的效果。

不要認為自己是失敗者

不要總是認為自己能力不足、缺乏經驗。要知道，現實生活中真正可以將你擊倒的人有時候恰恰是你自己。因此，千萬不要給自己貼上此類的負面標籤，而是應該多給自己增添一些信心與激勵，讓自己樹立起信心。

建立起良好的行為習慣

正面的自我心理暗示不僅僅是透過潛意識上的溝通來實現的,還包括了許多行為習慣方面的因素,尤其是在一些細節問題上。比如,在走路時讓自己挺胸抬頭,你便會感覺自己很有精神;在出門時好好地照照鏡子、整理好儀表,你便會對自己擁有正面的評價;讓平日工作與學習的地方保持整潔,你便會更加從容而具有條理⋯⋯這些表面上看起來微不足道的地方,其實都會對一個人的精神風貌產生潛移默化的影響。

自我暗示有著非常多的用處,其使用範圍也非常廣泛,只是在剛開始的時候,效果往往不會太明顯。人的心理調整從來都不是一蹴而就的,想要原有的心理活動按照自我期望的軌跡發展,需要你保持一定的毅力。萬事開頭難,讓自己持之以恆,不以途遠而怯之,不以效微而廢之,時間久了,自我暗示便一定能夠成為我們心理調節的最好助手。

利用反向調節法，幫助自己擺脫困境

有一個人，年過半百，卻因為開罪了上級而被貶職，調到離家較遠的郊區工作，他每天要騎兩小時腳踏車才能到工作的地方，天晴的時候還好，遇上颱風下雨情況就不妙了。剛開始時，他心裡覺得十分痛苦，抱怨世事不公，痛恨主管公報私仇。

後來有一天早上，他像往日一樣懊惱又痛苦地騎著腳踏車去上班，他扭頭往旁邊一看，看見旁邊的田園風光竟是那麼怡人，再吸了一口空氣，竟然比城裡的要清新很多，而且還有城裡聽不到的鳥鳴聲。頓時，他的心情好了起來，他想：「這樣也不錯，每天可以不用去健身房就能鍛鍊身體，而且工作的環境明顯比以前更加環保；再說，對方之所以把我調到這裡來，不就是為了讓我難受嗎？那我為什麼要讓他如願呢？為什麼不更加開心地工作和生活呢？」這樣一想，他心中的鬱悶立時消散了，而往日的漫漫上班路也似乎變得近了很多，同時，他的心情也不低落了，又能精神抖擻地愉快工作了。

從心理逆境中走出來的他深有體會地說：「人們在逆境中，往往太過專注於自己的痛苦而忽略了其他正面的心理狀

Part2　情緒與情商：能夠控制情緒是心智成熟的表現

態。如果你能正視現實，並積極地發現事情有利的一面，就可以成功地用正面心態替換掉負面體驗，使心理發生良性變化，讓痛苦變成愉快，從而從逆境中超脫出來。」

其實，這個人用的就是心理學上的反向心理調節法，也稱為反向思維法，是對同一問題的不同角度的看法，其關鍵要以「趨利性」為其思維方向。換句話說，就是當你陷入困境或逆境時要從正面的方面去想，努力從不利中找出令人信服的正面因素，從而調動起自己的正面心理因素去戰勝負面心理。

「前方是懸崖，希望在轉角」，當你感到痛苦時，換一種思考方式，讓自己去發現事情好的一面，這是你自己可以駕馭的。比如，在經濟危機中，你被解僱了，你可以選擇無止無盡地為明天的生計擔憂、為自己失去了飯碗而抱怨，也可以選擇因為自己有了重新選擇職業、重新開始自己的事業生涯的機會而高興。

在生活當中，逆境的出現是不可避免的，反向心理調節法正是適用於逆境的一種心理調節法。當你把逆境看成是一種上帝的恩賜，看到逆境帶給你的好處的時候，你就戰勝了逆境。

情商之所以能發揮出異乎尋常的功效，關鍵在於它是對現實的能動適應。只有在現實衝突中，情商才能有所作為。你要到什麼時候才肯去嘗試新觀念、做出有創意的決定？當

你覺得自己不這樣做就要被淘汰的時候！要到什麼時候才能體會到為顧客服務的重要性？當所有顧客都不再光臨的時候！要到什麼時候才會明白認真工作的重要性？當面臨被炒魷魚的危險的時候。當你面對這些逆境的時候，你可以將它看成是一次嘗試和創新的機會，一次對工作情況的自檢，一次自我完善和提升。

在成功的時候，許多人都會大肆慶祝，卻很難從中有所收穫；而失敗和挫折雖然會讓人沮喪、挫敗、難過，卻能夠讓人從中吸取教訓，為獲取成功創造條件。

現實是殘酷的，又因殘酷而精彩、美麗。運用反向調節法，你就會發現，那些讓你痛苦不堪、難以忍受的逆境往往是你人生的轉捩點。只有在失敗的鐵砧上不斷錘鍊，才能鍛造出鐵的堅韌，而這種特質不正是一個低情商者所需要的嗎？

Part2　情緒與情商：能夠控制情緒是心智成熟的表現

Part3
情緒表達：
合理釋放情緒，有益心理健康

> 情緒表達就是要釋放情緒，調節情緒「水位」。可是，因為我們必須在社會中生存，情緒表達當然就必須以不傷害別人、不傷害自己為原則，否則釋放了原來的負面情緒，卻因為不符合社會規範而受到懲罰，就會因此產生更大量的新的負面情緒，對於情緒「水位」的調節不但沒有幫助，還有可能有妨害。因此，規範的情緒表達方式，是人類在社會化過程中逐漸學習而來的。

Part3　情緒表達：合理釋放情緒，有益心理健康

沒有情緒的人生是種缺憾

有個叫鵬鵬的孩子，14歲被診斷出骨肉瘤，17歲時就被告知，最多還有一年的時間可活。他經歷著肉體和精神上的雙重折磨，便對自己說：「反正都快要死了，還有什麼可快樂或悲傷的呢？人生怎麼樣都無所謂了，生活的意義也沒有了。」

他就這樣渾渾噩噩地活著，對一切事物和現象都沒有興趣也沒有任何情緒，人生對他來說也是無所謂了。時間就這樣一天一天地過去了，他的身體狀況越來越差，剩下的日子也越來越少了。他對家人的態度越來越冷漠，自己的存在感也越來越弱。

有一天，一個志工帶著另一個同樣身患骨肉瘤的少年來看望他。見到那個少年笑容滿面、容光煥發，鵬鵬十分好奇，於是就問他：「你為什麼能這麼開心呢？我現在覺得我可能明天就要死了，對一切事物都非常麻木，什麼事都不能讓我開心了，什麼事對於我來說也都無所謂了。」

那個少年回答說：「我不一樣，我覺得明天可能就是我生命中的最後一天，所以要珍惜現在，能活一天就開心一天，開心一天就賺了一天。」

沒有情緒的人生是種缺憾

鵬鵬這才恍然大悟，自己原來真的是在浪費本就所剩不多的時間，於是情不自禁地流下了眼淚。他最後遺憾地離開了人世，他說：「我如果好好生活，可能不會像現在這麼遺憾和後悔吧。」

就如同鵬鵬一樣，有很多人在種種生活壓力之下已經被蹂躪得渾渾噩噩，已經沒有情緒，也不會表達情緒了。但是在日常交往中，情緒的表達有助於他人理解並回應我們的需求。不會表達情緒，會給我們的日常交往帶來巨大的障礙。

情緒是個體對本身需求和客觀事物之間關係的短暫而強烈的反應，是一種主觀感受、生理反應和認知的互動，並表達一些特定行為，是人對客觀事物是否滿足需求的態度體驗。心理學家理查‧拉薩魯斯（Richard Lazarus）認為：「情緒是來自正在進行的環境中，好的或壞的訊息的生理心理反應的組織，它依賴於短時的或持續的評價。」而情緒表達是人們用來表達情緒的各種方式，其功能就在於紓解情緒，使情緒「水位」下降。正向的情緒表達為：和別人握手時，要表現出熱情、誠懇、可信和自信；談話時，要輕鬆自如，不吞吞吐吐，慌慌張張，沒有相互敵視和防範的心理和行為。負向的情緒表達為：初次見面時被動握手，接觸時距離較遠，不太注意傾聽對方的談話，在對方說話時心不在焉地幹一些別的事；說話時相互猜忌，防範多於諒解和理解。面對各式各樣的事情表達豐富的情緒才是正常人的行為。

Part3　情緒表達：合理釋放情緒，有益心理健康

有人曾向一位諮商心理師傾訴：「伴侶總問我，你到底在想些什麼？你能不能告訴我？你能不能別一副幹什麼都無所謂的樣子啊？可我就是說不出口，是不是我有什麼問題啊？」他的困惑不是個例，很多人即使產生了情緒也不會表達。

很多人覺得情緒這種東西只需要自己慢慢消化，即使有強烈的負面情緒，也只會打碎了牙往自己肚子裡面咽，不需要表達，不需要分享，讓別人覺得自己毫無情緒才是正確的。然而事實恰恰相反，對於每個正常人來說，表達情緒都是非常重要的，沒有情緒的人生才是種遺憾。

我們擁有情緒、懂得表達情緒才能和他人建立真實的連繫，不會表達情緒的人會感到沒有人理解他們內心深處真實的自己，但他們卻沒有意識到，是他們的自我封閉隔絕了他人靠近的機會。學會表達情緒，對於我們的人生有很多重要意義。

獲得情感的連結

如今，越來越多的人感覺到孤獨。孤獨並非因缺乏陪伴，而是在於沒有獲得滿意的連結。而獲得滿意的連結的條件之一，是擁有情感上的親密感。當你感覺對方懂你的情感、認可你的情緒時，你會感覺對方更加親近，才會跟對方積極相處。對他人暴露情感確實有風險，但想要擺脫孤獨、

想要和他人建立連繫，人們需要勇敢地邁出一步，去承擔情緒風險。

緩解心理壓力

說出內心的情緒可以緩解壓力，讓你感到更放鬆。當你試圖掩蓋自己的情緒，把它當成祕密時，你會焦慮於別人發現祕密，並且保持一種警覺，反覆檢查自己是不是透露出蛛絲馬跡。尤其是當你想掩蓋的是一種負面情緒時，不斷地自我反省檢查只會讓你更關注自己的負面情緒，更久地沉浸在負面情緒中。

加深自我了解

在深度表達情緒之前，人們會有自我審視和梳理的過程。在表達過程中，人們會不斷地問自己：「我現在的情緒是什麼？」在不斷的追問中，人們或許會發掘自己內心更豐富的內涵和層次，能加深對自己的認識。而且，當我們試著用長句深度地闡釋自己的感受時，我們會將過去引起情緒的情景，與當下自己的情緒連線起來，審視過去與現在的關係。

越是充分地表達情緒，人們對於自我，對於事情的分析就越有邏輯，從而做出冷靜的、富有邏輯的決策，而不被混亂的感覺驅使做出錯誤的決定。

我們要懂得表達情緒的意義，即使面對庸庸碌碌的人生也不要喪失我們的情緒，沒有情緒的人生才是種遺憾。但這

Part3　情緒表達：合理釋放情緒，有益心理健康

並不意味著我們有了情緒就可以肆意表達，錯誤的表達方式可能也會給我們自己和他人帶來傷害。掌握正確的情緒表達方式，才會使情感表達更加順暢，讓生活更加愜意。

表達與控制情緒的藝術

既然情商能夠左右人生,而情緒表達又影響了我們的整個人生,那麼,我們就應該鼓勵自己學會表達,並找有效方法來正確地表達情緒。我們要學會用另一種情緒來代替不恰當的情緒。選擇正確的方式去表達情緒,就具備了實現目標的能力。

天生就非常善於表達情緒者往往對情緒表達的範圍擁有清晰的認識,且他們在不同的情況下都能展現出彈性的反應,從而提高人際交往與個人事業的效率,並能夠在行為表現、環境與自我概念之間形成滿意的協調結果。

不管是與朋友相處,還是與不相識的人打交道,趙傅常常會吹噓自己的成就,雖然他的確是為了讓他人更尊重自己,但是,他言語與舉動中表現出來的驕傲自滿,使大部分與他交往的人都非常不滿:沒有人喜歡誇誇其談的人,哪怕這個人真的非常出色。

當趙傅發覺自己的朋友越來越少,願意與他合作的同事也漸漸減少時,他開始正視自己的問題。在審視過自己的人生後他發現,自己並沒有宣稱的那麼成功,而自己也要正視這樣的事實。從覺醒的那一刻開始,他漸漸地願意去接受真

Part3　情緒表達：合理釋放情緒，有益心理健康

實的自己，並真誠地讚美朋友，這使他再一次成為朋友群中受歡迎的那一員。

而趙傅的妻子麗麗更「善於」表達自己的情緒。每當她感覺不滿時，都會抓住機會向朋友、家人甚至是同事大肆抱怨。但是，她越是這樣，大家越是鮮少理會她或是安慰她，她甚至得到了這樣的稱號──「怨婦」。現在，麗麗更多地學會了保持沉默，直到她可以針對不滿的來源來做出改變，或是有勇氣將不滿的主要原因說出來，並向人求助。

你可能並不贊同他們所做出的表達上的改變，因為你有更好的方法，或者你是與他們不同的人。不管真實情況怎樣，這些例子都說明了，改變錯誤的情緒表達方式的確會讓我們的生活得到改善，而且，情緒表達模式雖然有其慣性，但它卻是可以改變的。

假設你是一位母親，你突然發現，自己剛過 15 歲的兒子發生了不安全的性行為。經過了解後，你生氣地指責他，並訓斥他：你還太小，不可以有性行為，你會毀掉自己的生活，也有可能因為你的不負責任而毀掉另一個人的生活等。但他對你的說教毫無興趣，且在與你爭吵後快速地跑出了屋子。

在這種情況下，你對孩子未來的擔心雖然可以理解，但在此番溝通中，你並沒有顯示出你對兒子的影響力。很顯然，在此種情況中只有改變自己的表達方式，才有可能使問題得到解決。

鑒於大部分人對改善情緒表達與控制情緒並不擅長，我們有必要引入一些科學的方法：只要你藉著下面的指導性原則來選擇新的且更有積極性的情緒表達，那麼，你就有可能解決一些如同上述案例的難題。

步驟一，確認自己的確以一種不滿意的方式表達了你的情緒。雖然生氣，但你要知道，自己想要表達的並不單單是生氣，而是你對兒子有可能毀掉自己與他人的生活而感覺到的擔心與關心的情緒。

步驟二，找出是什麼讓你想要透過情緒表達來完成的。比如，你想維持對某件事情的參與感嗎？抑或你只想將自己擔心的感覺傳遞給他人？或是追求更協調的舉動？有關你兒子的性行為，你身為家長，想要透過這件事情，使他建立起更有責任感、更謹慎的人生觀念。

步驟三，想出五種以上的情緒表達方式。你可以利用自己過往的經驗與他人的例子來進行，也可以創造出新的可能性。你可以大聲地責罵他；買一些他能夠看得下去的性教育書籍給他看；安排一位他一向欽佩的友人、長輩來與他談論這件事；讓他參加一個青少年性行為與懷孕的社會公益組織，讓他了解不安全性行為的後果。

步驟四，對你想出的每一個情緒表達方式與行為細細思索，並決定，哪一種表達可能更有用。如果沒有一個是有用且適合的，那麼，回到上一個步驟，並想一下其他的可能

Part3　情緒表達：合理釋放情緒，有益心理健康

性。如果你的兒子始終不願意承擔性行為後的責任與結果，那麼，請青少年問題專家與之交流可能是更好的選擇。

步驟五，以你所選擇的表達方式，再一次地回想片段，這一次，更進一步地推敲你的行為並檢查，以確定這種做法確實能帶來你所渴望的結果。想像你與兒子的理性談話，或是想像安排他與青少年問題專家會面，這兩種選擇都有可能讓你的兒子意識到問題的嚴重性。

步驟六，踏入這一片段中，感受自己的情緒，並盡可能地想像，如何以這種方式來表達。首先與你的兒子展開一段正經的談話，並進入「必要性了解」的階段，你將會認識到，在這種情況下，你要如何向兒子更準確地表達自己的關心。

步驟七，想像一個未來你有可能感受到這一情緒的場景，並想像在那樣的場景中，你希望兒子如何去做。你的兒子明天將與女孩有一個約會，而你希望他能夠更謹慎、更負責任地對待這一階段的性行為。

步驟八，想像至少兩種情況，並重複步驟七，如果需要，你可以對自己的行為稍做調整。若你發現新的表達方式並不適合某類未來有可能發生的情況，那麼，以不同的情況，再從流程的第二個步驟開始，重新進行一次。

在該方法中，一、二兩個步驟是必需且一定要做的，因為它們可以幫助你找到自己所感覺的情緒，以及在這個情況下你期望獲得的結果。知道你的情緒與你渴望的結果同樣重

要,因為只有這樣,你才能選擇更好的表達方式,使你的感覺與結果相協調。

在將慣性情緒表達、轉變成更好的情緒表達過程中,不知道自己的感受與想要的結果,就如同在旅行時,你不知道要怎樣旅行與到底要去哪裡一樣,都是盲目而無益的。因此,你要學會詢問自己:「我到底想要什麼?」這個問題的答案往往會為你提供你所需要的資訊,以便你做出恰當的改變。

只要你知道自己眼下在什麼地方以及想要去哪裡,你就可以開始找尋到達那裡的方法。這是步驟三的功能。不過,你必須要先找出五種可能表達感覺的方式,這樣可以刺激你思考有關人們如何表達情緒的做法,你的經驗、其他人的經驗,甚至是書與電影中的靈感來源等,都是可以借鑑的方式。除此以外,你也可以簡單地推測自己下一步應該做什麼,以便在你關心的情況中,能夠更好地表達情緒。

步驟四、五的目的則是測試你已經選擇了適當表達的機會,此時,表達本身可能已被顯示了出來。比如,你可能對自己的愛人感覺到氣憤,因為他總是如同小孩子一般亂發脾氣,而你過往習慣性的表達是嘲笑對方。但當你實際地了解他的感受以後,你會發現,這只會讓你的愛人更憤怒,甚至有可能憤怒到離開你的地步——於是,你決定找出其他更有效的表達氣憤的方法。

Part3　情緒表達：合理釋放情緒，有益心理健康

　　步驟六、七、八是要幫助你選擇未來行為的步調，多試幾次，在你想像的有可能發生的情況中，盡可能地去感受、去看、去聽你將會體驗到的事情。

　　在使用該方法時，你應該事先演練。因為當你沉浸於已經產生的情緒與發生的情況中時，你往往會無法評估自己是否需要調整行為。畢竟，我們要從一個習慣性的情緒變換到另一個不習慣的情緒中是需要一段時間的。

表達情緒的幾個層次

言情劇中經常會有這樣的劇情：女主角意外發現男主角移情別戀，她的情緒突然失控，最初是在痛苦中抱怨與自責，然後找人發洩心中的憤懣，隨後是思考，最後是接受現實。這是很正常的過程。一個人受委屈了，首先會想不通，會對自己說：「為什麼我要受委屈呢？」之後就會去找別人發洩出來，將一部分的不滿宣洩給可能並不知情的第三方。然後是冷靜下來思考問題的根源所在，最後不得不接受眼前的現實。

遇到引發負面情緒的事情時，人們的表達方式通常會有五個層次：

第一個層次是抱怨。 當一個人內心太脆弱太依賴別人，無法承受自己的負面情緒時，便會覺得一切都是別人的錯，會盯著消極的方面，對他人不滿，不願意為自己的情緒承擔責任，一直指責別人或者埋怨周圍的環境。

第二個層次是自責。 當人們想通一些事情後，雖然也會有對他人、環境的一些不滿，但更多的是開始從自己的身上找原因，會覺得自己表現得不夠好，會經常自責、內疚，但又無法有效地處理這些情緒，所以會陷在內疚與對自己的不滿中無法自拔。

Part3　情緒表達：合理釋放情緒，有益心理健康

第三個層次是發洩。當內心累積很多的負面情緒後，人們往往會很難控制自己，會找身邊人去發洩或訴說。可能一些無辜的人就莫名其妙地成了受害者。你當時會十分憤怒，會做出一些事後想想非常後悔的過激行為。這樣之後情緒便會在憤怒中一點一點地開始消散。

第四個層次是思考。這時人們雖然身體中也會有負面情緒，但是已經會從自己的角度反思，用建設性的、對他人無害的方法宣洩情緒，不對他人或與他人的關係造成任何負面影響，也不會讓自己過多地內疚和自責。這時已經可以合理區分情緒中自己的責任和環境的責任了，並有了有效方法去面對情緒。這個層次的情緒表達已經可以用包容的心態去面對，能夠做到對自己包容、對他人和環境包容。這對於自己來說，將會是一個好的開始。

第五個層次是接受。在這個層次，人們不再緊盯自己的負面情緒，而是能從負面情緒的教訓中總結經驗，也能為自己的情緒承擔責任，在一言一行中盡是對他人的理解、包容，自己也會漸漸從負面情緒中走出來，不再為其所困。

張小姐是一位職業女性，朝九晚五辛勤工作。有一天，老闆要求她必須在今天之內完成一項新的專案投資方案。她看了看時間，感覺必須要加班才能完成工作。可她還要去接正在上幼稚園的孩子，於是她打電話給自己的老公，希望丈夫能去接孩子，無奈電話卻一直沒人接聽。迫於無奈她只好

先去接孩子回家然後再回公司工作。

回到公司已經非常晚了,疲憊令張小姐的情緒變得焦躁。她發現打掃環境的阿姨不小心在她的辦公桌上灑了一些水,於是對阿姨大喊大叫發洩情緒。阿姨很無奈也感覺莫名其妙,自己只是做了正常的工作,為什麼要挨一頓罵呢?

生活中,我們經常會遇到某些人突然莫名其妙地對自己發火,你也不知道發生了什麼,感覺自己也沒做錯什麼,你若反駁,他會越鬧越凶。其實,上面事例中展現的就是情緒表達的第三個層次。如果知道他人在發洩情緒,就不要太較真對與錯,等事情過去再跟他理論對錯才是正確的處理方法。

有人會覺得憤怒應該是情緒表達的第一個層次,實際上憤怒是無壓抑的情緒表達,是一種發洩,說明本人是有察覺的,並且透過一定的方式將自己的憤怒表達出來。憤怒是有意將情緒帶動到一個較高層次的願望和表現,並且有從這個層次提升的苗頭,無法立即抽離,需要時間,或者用另一種活動來分散自己的注意力,來打消消極思維。這與無意識的本能反應相比是屬於第三層次的情緒表達。

唐納‧諾曼(Donald Norman)在《情感@設計》(*Emotional Design*)一書中將人們對事物的情感體驗根據大腦活動水準的高低分為三類:本能水準的情感、行為水準的情感和反思水準的情感。這很容易理解,本能水準的情感對應的就是第一

Part3　情緒表達：合理釋放情緒，有益心理健康

個層次和第二個層次的抱怨和自責；行為水準的情感對應的是第三個層次的發洩；反思水準的情感對應的是第四個層次和第五個層次的思考和接受。

情緒既是主觀感受又是客觀心理反應，具有目的性，也是一種情感表達。情緒是多元的、複雜的綜合事件，情緒表達更為複雜。情緒涉及身體的變化，這些變化是情緒的表達方式，而表達情緒也分為這五個層次。

情緒的表達也涉及了認知的部分，涉及對外界的反應和對外界事物的評價。由於情感和情緒表達極易混淆，比如愛情的滿足感總是伴隨著快樂，親情的滿足感總是伴隨著幸福，所以從表達情緒的層次中加以區分更容易理解。

為什麼有很多人無法控制情緒？原因很簡單，沒有運用層次理論去深入地剖析表達情緒的深層次原因。有因才有果，不管出現何種情緒，我們只有靜下心來分析自己的情緒表達到了何種層次，才能合理地排解負面情緒。

大膽表達正面情緒，合理表達負面情緒

有一位王先生，他不是名牌大學畢業，也沒有強大的身世背景，更沒有異於常人的智商或者能力，但他卻在一家知名企業中擔任著舉足輕重的職位。有時老闆衝他發脾氣時，他不但不會生氣，等老闆發洩完還會給老闆講笑話來逗老闆開心。當下屬工作做得不好惹他生氣的時候，他也盡量控制自己的情緒，能不發火就不發火，能鼓勵就鼓勵。所以他在工作中人緣很好，群眾關係很好，上下級關係很好，幹什麼事情都像有神相助一樣，做什麼都很順利。

生活中這樣的人有很多，他們的智商可能不是很高，但他們卻擁有很高的情商，他們會合理地表達負面情緒，大膽地表達正面情緒。因為每個人都喜歡和脾氣好的人合作，所以這些人無論幹什麼，無論在哪個行業，都很受大家歡迎。成功的人往往都是會正確表達情緒的人。大膽地表達正面情緒，合理地表達負面情緒對事業和生活來說極其重要。

人的情緒分為兩大類，一類是正向的情緒，或者叫積極的情緒；一類是負面的情緒，或者叫消極的情緒。正向的情緒如快樂、喜悅、驚喜、自信、欣賞等。與負面情緒相反，正面情緒有益於工作和生活，所以要在生活中多修練自己，

Part3　情緒表達：合理釋放情緒，有益心理健康

凡事往好處想，大膽地表達正面情緒。

心理學上把焦慮、緊張、憤怒、沮喪、悲傷、痛苦等情緒統稱為負面情緒，人們之所以這樣稱呼這些情緒，是因為此類情緒體驗是不積極的，身體也會有不適感，甚至影響工作和生活的順利進行，進而有可能讓身心遭到傷害。

在日常生活中，我們常常會遇到一些不如意的事情，這些不如意的事情在不知不覺中影響著我們，會產生大量負面情緒擾亂我們的心境，使我們的脾氣變得暴躁，從而引發對身體的二次傷害。還有一種有害的生活習慣就是我們不斷地拿自己的生活或者自身，去跟他人的生活和他人比較。你會不斷地比較車子、房子、工作、鞋子、金錢、社會關係和名譽聲望等，因此當一天結束的時候，這些比較會為你的內心帶來你的很多負面情緒。另外，恐怕這也會對你的生活產生許多的負面影響。而這些負面情緒出現的根源就是人不懂得管理自己的情緒。學會大膽地表達自己的正面情緒，合理地表達自己的負面情緒非常必要。

清楚自己的情緒狀態

合理地表達自己的情緒，首要前提就是清楚自己的情緒所處的狀態，根本要素就是擁有良好的自我察覺能力。隨時自我檢查，發現情緒處於何種狀態是非常必要的。沒有自我察覺的能力，亦不可能學會正確地表達負面情緒。

只有擁有能夠意識到自己情緒的能力，才可能正確地表達自己的情緒。一味地壓抑自己的情緒也是錯誤的做法，當清楚自己的情緒狀態時，找出引起情緒波動的原因，運用合理的方式疏解情緒，這對合理表達情緒有很大幫助。

合理地藉助其他人

覺察出自己很開心的時候，就大膽地將自己身體裡的正能量傳遞出去，讓周圍的人也跟隨你一起快樂。當我們被負面情緒充斥的時候，內心會十分痛苦，也需要藉助他人來幫我們排解這種痛苦。我們不妨先壓制自己的負面情緒，然後以尋求幫助的方式與他人交流。正常情況下，人是樂於幫助他人的。透過這種交流，負面情緒會漸漸地煙消雲散。試想一下，你全身充斥著負面情緒，第一時間找到最貼心的朋友，以請求的語氣對他說：「我需要你的幫助，我被負面情緒困擾，就快忍受不住了，你願意幫我從負面情緒中走出來嗎？」我想你的朋友肯定會對你說：「遇到了什麼事情讓你這麼痛苦，可以和我說一下讓你痛苦的事嗎？讓我們一起分析原因，然後找找方法來幫你走出負面情緒的陰影。」這樣一來，即使你現在充滿了負能量，也會因為朋友的幫助而逐漸擺脫出來。

改變以主觀認知為主的理解方式

情緒 ABC 理論認為，激發事件只是引發情緒和行為後果的間接原因，而引發情緒的主要原因是個體對激發事件的

Part3　情緒表達：合理釋放情緒，有益心理健康

主觀認知和評價，即人的負面情緒和行為障礙。情緒不是由於某一激發事件直接引起的，而是由於經受這一事件的個體對事件不正確的認知和評價所產生的錯誤觀念引起的。所以在面對任何一種激發事件時，都應該拋棄內心消極的理解方式，大膽地用積極的想法去理解事情。

大膽地表達正面情緒，合理地表達負面情緒，可以說是人生的一堂必修課。如果學好這門課的話，我們面對事業和生活中那些突發事件時就會顯得遊刃有餘。不要做情緒的奴隸，要學著控制自己的情緒，戰勝自己的情緒，用正面的情緒應對一切。

選擇適當的方式表達不滿

你發現有位同事在辦公室裡散播有關你的不實消息，驚訝不已的你除了詫異消息的內容之離奇，還感覺難受極了，此時，你會告訴對方你的不滿以及你的其他感受嗎？如果這個對象換成了你的上司、老闆，你的決定是否會有所不同？

影響個人競爭力的，不僅僅有工作上的個人能力，更有情緒能力。相信久經沙場的你早已察覺到了，「氣在我心口難開」的狀況，在工作場合中其實屢見不鮮。那麼，在工作中，你是否應該表達自己的情緒呢？

有些人並不認可「表達不滿」這一說法，在他們看來，工作只是為了達成目標，而不是來做情緒交流的，因此，優秀的工作者當然不應該將內心的情緒表露出來。唯有將情緒完全拋在一邊，才能夠理智地完成任務。更何況，若是表達了某些如沮喪、生氣一類的負面情緒，不僅會傷害到自己與他人的關係，更會讓自己顯得脆弱不堪，反而會造成更大的麻煩。

的確，這些考慮都很有道理：不當的情緒表達往往後患無窮。然而，不管是一般工作還是管理工作，其實都是在不斷地解決問題；要解決問題，首先要解決心情，因此，職場

Part3　情緒表達：合理釋放情緒，有益心理健康

上的優秀者並不是不帶情緒的木頭人，而是善用情緒去達成目標的聰明人。

另一方面，一味地壓抑負面情緒不僅對健康無益，還會因為耗費了過多的心力在掩飾自我真實感受上，而損害正常的工作表現。在這個講求團隊精神的年代裡，表達情緒可以增加「自我表露」的能力，進而促進人與人相互了解，在培養起相知相惜的團隊凝聚力後，工作效率自然也會相對提升。

再者，情緒表達並不等於情緒宣洩，那種把心中的情緒、感覺一股腦兒地宣洩出來的做法無疑是愚蠢的。恰當的表達其實是一個細緻而理智的過程，它與粗糙的情緒宣洩大相逕庭。不過，想要獲得恰當的情緒表達能力，你需要從了解自我情緒做起。

第一，你需要了解自己當下的情緒，將心中那份模糊但又澎湃的能量轉化成具體的感覺：究竟我的「難受」是生氣、失望、傷心還是壓力大？

有時候，你會發現，認知自我情緒有一定的困難，這是源於我們對情緒的區分僅為較籠統的喜怒哀懼，而沒有更多貼切的描述性詞語，因此，你需要學習更加廣泛的情緒詞彙，讓你的情緒「立展現形」。

你需要不斷地體驗、不斷地修正，使自己越來越了解與貼近自我情緒。待認清自己的情緒以後，你可以做進一步的

分析：「我為什麼有如此的感覺？」、「發生了什麼事造成我現在的感覺？」然後決定是否應該向對方表明。

第二，在決定向對方說明以前，你需要謹慎地思考，眼下自己的情緒是否適合表達不滿。在這個步驟中，你需要考慮的因素包括：

對方的特質

他的個性是否能夠接受你的不滿？對於非常固執、極度自信的人顯然不適合向他們直白地表明你的不滿。他目前處在怎樣的壓力狀況下？一個壓力大到快要崩潰的同事是絕對不會願意聽到任何對他有「不滿」嫌疑的對話的。是否適合在這個時間點去溝通？大庭廣眾之下，你跑去向他人表達不滿，明顯不恰當。對方的角色是否適合接受你的情緒表達？舉例來說，若對方是客戶，你跑去憤怒地告白，恐怕只會讓人貽笑大方。

你想要達成的目標

想想看，在開口表達情緒以後，你希望可以達到什麼樣的目的呢？是希望對方可以更尊重、更負責盡職，還是只是因為有不吐不快的情緒在，並因此而想要教訓對方？

達成目標的可能性

知悉自己期望達成的是什麼以後，請衡量一下狀況：想一下，真情告白是否是最有效達成目標的方法？是否有其他

更有效率的做法（比如，透過第三者，或者等到更合適的時機再說）？如果發覺自己只是單純地想要宣洩不滿情緒的話，那麼，最好別向對方開口，找個好友訴苦是最好的做法。

如果在考慮以後決定要告訴對方你的感覺，那麼，接下來就應該思索最佳的表達方式。先考慮「效率」因素：溝通時，應該選哪個途徑，是電子郵件、電話還是面對面地交談？什麼時間點最好，是上班時還是下班後？

第三，到了真正要表達不滿的時候，你需要明確以下幾個要點：

選擇運用精確的情緒形容詞

比如，你說「我感覺很糟糕」，「糟糕」就不是一個明確的情緒形容詞，但是，若改為「我為此感到失望」、「這真的很讓我生氣」，就能夠更精確地使人意識到你的情緒變化了。

說明原因

千萬別忘記要明確說明導致這種情緒的緣由，以此來促進對方了解你的情緒與他之間的因果關聯，並要盡量避免被認為是在無的放矢。比如，「我很生氣你竟然這樣對我！」這種表達方式的因果關係就不夠清楚，但是，若換成「我發現你與別人說了有關我的不實消息，這讓我感到很生氣」，如此表達，溝通起來就會更清楚。

局限情緒的時間點

你應該了解的是，情緒狀態是會改變的，並會局限於受某個情緒影響的時間面。所以，「我很憤怒你竟然亂說話」這種說法，就忽略了點明時間點，而「當我發現你告訴別人有關我的不實消息時，我當時感覺很生氣」，就聰明地限制了時間點。

為自己的情緒負起責任

溝通高手從來不會說「你讓我生氣」一類的話語，因為這樣說是在推卸責任，將對方當成是自己情緒問題的癥結。這樣說既不能解決問題，又很容易引起對方的反感或造成壓力，進而導致更大的衝突。最恰當的說法，是將自己當成情緒的主語：「我感覺很生氣」、「我有種沮喪的感覺」。

絕不進行評論式的人身攻擊

哪怕對方真的說了你的不實消息，「你惡意中傷我」這種評價也會激起對方的反抗，因此，你應該只針對中性的行為描述：「你告訴了同事一些有關於我的不實消息。」如此一來，既可清楚地表達自己，又可避免激怒對方，進而圓滿地達成此次情緒表達的最終目的。

學會了優雅的情緒告白，你會發現，其實不滿情緒沒有那麼可怕，它將不再是你工作上的難題。

Part3　情緒表達：合理釋放情緒，有益心理健康

表達憤怒以不傷害自己和他人為原則

聽到另一部門的張經理又一次將過錯推卸到自己的部門後，劉清立即在心裡大罵起來：「這個無恥的傢伙！明明是他們部門把事情搞砸了，現在又惡人先告狀！」

她原本想當著總裁的面將對方的過錯一一數來，但她素來不懂如何發怒，因此一張嘴，話語就變了：「你這樣不太合適吧？張經理，其實我們不應該把目光放在過去的錯誤上，而是應該放在未來的合作上。」

「別說了！」總裁的不滿聲傳來。劉清清楚地看到張經理的眼中滿是勝利的喜悅。

大部分人在有了怒火以後，都在想著如何將怒火壓制下來，卻極少有人提如何表達憤怒。當然，「以其人之道還治其人之身」只會一時痛快，單純地表達憤怒無疑是飲鴆止渴。而有些人之所以這樣做，是因為他們將憤怒當成了心理分析的終點：憤怒就憤怒了，發洩就發洩了，傷害就傷害了，卻未曾意識到，這樣根本無法觸及核心問題。

憤怒被心理學家們視為一種次級感受，它與悲傷、羞恥處於同一等級。用通俗的話來說，憤怒並非核心感受：當你的期望受挫時，如期望得到尊重卻受到侮辱時，希望被肯定

表達憤怒以不傷害自己和他人為原則

卻遭遇貶低時,在這些情況下,你的原始感受受到了傷害,進而產生了悲傷、焦慮等情感。

對於大多數人而言,感受與承認這種悲傷並不容易,更不安全,因為這往往意味著你承認了自己的脆弱,甚至還會引發一些自身的焦慮:「我真沒有用,竟然讓對方這樣傷害我。」甚至還有可能因此而自責:「我怎麼可以因為這個而生氣呢?」

這樣的知覺本身還有另一層含義:若與他人分享了這種脆弱、委屈,他人是會同情、認可我,還是會離我而去?此時,憤怒作為一種防禦姿態,由自己指向了他人,保護了我們的脆弱與委屈,同時也阻止了他人進入我們的內心。

那些不懂得表達憤怒、採取一貫溫和的態度的人有著自己的一套邏輯:「我都已經這樣忍讓了,對方應該會適可而止。」這樣的邏輯本身又包含了一種期望:「我希望他人會理解我。」但當他人未能表達這種理解時,自我期望會再次受挫。

若你認為是自己的忍讓換來對方的變本加厲,那麼,不合理的想法自然會萌生:「一定是我太過溫和,溫和到他們都會這樣無理地對我。」而這種想法最不合理的地方就在於,你將「理解自己」當成了「別人的事情」。

不僅如此,很多時候,個人思緒發展到這一步時,很多

Part3　情緒表達：合理釋放情緒，有益心理健康

人還會懷疑自己的這套溫和行為模式是否正確，而採取的策略就是經常性地表達憤怒，而周圍人的避讓會讓此類人的地位得到無形的提高，讓他們獲得心理優勢，從而補償了他們的悲傷，避免了他們的恐懼。

知覺到這一層面非常關鍵，因此，單純地表達憤怒並沒有用，你還需要更有力的方法來輔助你。

停下來，呼吸

當你憤怒的時候，停下來，除了呼吸，什麼都不要做，你應竭盡全力避免採取行動去指責或者懲罰對方。此時，靜靜地體會自己的感情是最好的做法。接著想一想，到底是什麼使你生氣了。

張開嘴，說出來

為了充分地表達自己，現在，你需要張開嘴，說出你自己的憤怒。單純的怒火此時已經透過你的思考，被轉變成了需要以及與需要相連繫的情感，不過，表達此時的感受或許需要很大的勇氣。

對你而言，在生氣的時候衝著其他人大吼「你們這是赤裸裸的排斥」很容易，事實上，你甚至還會因為自己這樣做了而感覺到高興。但是，傾聽自己內心真實的感受與需求時卻極有可能引發不安。

先嘗試著去傾聽他人

在大多數情況下，表達自己之前，你需要先傾聽他人。如果對方還處於某種情緒中的話，他們就很難靜下心來體會你的需求與感受。一旦你用心傾聽他們，並表達你的理解，在得到傾聽與理解以後，他們一般也會開始留意你的感受與需求。

需要注意的是，哪怕聽到了離奇的、對你極度不公平的看法，你也不應該指責對方——指責是一件很容易的事情，但當對方感覺自己受到了指責時，哪怕他意識到自己的行為應該受到指責，他也不會輕易地承認，甚至有可能會因為自己所受到的指責而陷入極端的憤怒之中。到那時，便不是你表達憤怒，而是他在發洩不滿與怒火了。

因此，一旦你注意到他人認為自己受到了指責，或者在對話中發現對方在責備自己，你就要暫時停下來，並嘗試著去理解他所經歷的痛苦。

表達你憤怒背後隱藏的委屈

聽懂了他人的理由以後，你就可以表達自己的憤怒了。不過，你不能單純地表達自己的憤怒，而是要在表達憤怒的同時，更堅定地表達憤怒背後隱藏著的委屈和焦慮本身，因為表達這些內容的本身，就是一個讓他人了解你的底線的過程。

值得注意的是,這一過程中,你最好指向自己:「我需要融入這個團體,因為我認為我們同屬一個組織,眼下又為了同一項任務一起努力著,我想,這是一種完成任務的必備前提條件。」

最愚蠢的行為是把矛盾指向他人:「你應該讓我融入你們的團隊!這是完成任務必需的前提。」這不僅會將矛盾擴大化,加劇對方的不滿情緒,同時也是在對他人做出價值判斷。

此外,比這更重要的是,你應該建立起一種合理的信念:「讓他人理解自己,這是我自己的責任與義務。」同時也要養成一種合理的期望:「即使我表達了自己,他人也並不一定會理解我。」當你懷有這樣的合理信念與合理期望,並準備好了時時刻刻接納自己以後,你會發現,表達憤怒其實並不難。

表達情緒時要避免「情緒化」

很多時候，不盡如人意的結果不是你的能力或智慧不足所導致的，而是你沒有控制住自己的情緒。因為控制好了情緒做事才能遊刃有餘，才能掃清成功之路上的障礙。

中原標準時間 2006 年 7 月 10 日凌晨，世界盃決賽在德國柏林世界盃球場進行，法國與義大利向冠軍發起最後的衝刺。比賽開始第 6 分鐘，詹盧卡·斯卡馬卡（Gianluca Scamacca）為法國隊創造了一個寶貴的點球，席內丁·席丹（Zinedine Zidane）以一記巧妙的「勺子」命中球門，將比分改寫為 1：0。第 18 分鐘，義大利「罪人」馬可·馬特拉齊（Marco Materazzi）頭球扳平比分。

在加時賽下半時第 3 分鐘時場上忽然出現混亂，席丹失去冷靜，在無球的情況下一頭頂在馬特拉齊的胸口上，後者順勢倒地，這也使得比賽中斷。衝突前，不知馬特拉齊對席丹說了些什麼，激怒了這位足球藝術大師。主裁判與助理裁判簡單交流之後，出示紅牌將席丹罰出場外，足球藝術大師以這種遺憾的方式告別最後的演出。

席丹在為球迷帶來精彩表演的同時，也暴露了他脾氣暴躁的一面。1998 年世界盃時，席丹就曾踩踏沙烏地阿拉伯

Part3　情緒表達：合理釋放情緒，有益心理健康

球員，後又因為在冠軍盃比賽中用頭惡意頂撞對手被禁賽 5 場，而這些僅僅是席丹魯莽行為中的兩例而已。

足球場上的言語挑釁司空見慣，席丹應該用頭把球送進義大利的球門，而不是撞向對方的身體。在世界盃決賽中，席丹因頭腦發熱而屢屢做出讓人匪夷所思的舉動。他是在為國家而戰，不應為這種無聊的言語放棄國家的榮譽，以這種遺憾的方式告別最後的演出，也讓本來占據優勢的法國隊陷入少一人的被動局面，最終痛失世界冠軍的獎盃。

由此可見，成功的最大的敵人其實並不是任何外部的條件或是沒有機會，而是缺乏對自己情緒的控制能力。憤怒時，不能制怒，使身邊的家人朋友望而卻步，無法進一步與你溝通；消沉時，放縱自己的萎靡，把許多稍縱即逝的機會白白浪費。

成就大業的人，都遵循著一個千古永恆的祕訣：弱者任思緒控制行為，強者讓行為控制思緒。想要在生活中更幸福、在工作上更順心、在事業上更如意，首先要做一個能夠掌控自我情緒的人，從而在理性思維的指導下明是非、知進退，甚至把壞事變成好事。

要承認自己情緒的弱點

生活中，每個人都有他的優點和弱點，長處和短處，但不一定都能認識到自己的弱點或是短處。在情緒世界中也是

一樣，為此我們一定要認識自己情緒世界中的弱點和短處，不要迴避或視而不見。有的人容易暴躁，而且一暴躁就控制不住自己。怎麼辦？首先要承認自己有這個毛病，在此基礎上再認真分析自己容易暴躁的原因是什麼，在什麼情況下容易激動，然後選擇一些方法去克服它。這樣做的好處是：可以隨時隨地提醒自己去克服這個情緒上的弱點。

放鬆自己的心情

當發覺自己的情緒激動起來時，為了避免立即爆發，可以有意識地轉移話題或做點兒別的事情來分散自己的注意力，把思想感情轉移到其他活動上，使緊張的情緒鬆弛下來。這樣不僅能放鬆情緒，還能讓你做事更加理性，從而更容易獲得成功。

要學會正確評價身邊的人和事

對待社會上存在的各種矛盾，人們之所以有很多情緒化的行為，是因為不會正確認識、處理人與人之間的矛盾。所以，學會全面觀察問題，從多個角度進行多方面的觀察，並能深入到現實中去就顯得更加重要和有意義。這樣能使自己發現原來發現不了的意義和價值，使自己樂觀一點，還會增加我們克服困難的勇氣，增加自己的希望、信心，即使遇到嚴重挫折也不會氣餒，不會打退堂鼓。

凡事多一些理性思考，少一些任性姿態，你就能把不良

Part3　情緒表達：合理釋放情緒，有益心理健康

情緒這個魔鬼關在牢籠裡，戰勝那些企圖摧毀你的力量。總之，領悟了情緒變化的奧祕，對於自己千變萬化的個性，你就不會再聽之任之。做人不情緒化，做事才能按部就班、順順利利，這樣才能掌握自己的命運，成就輝煌的事業。

情緒表達將會影響你的整個人生

情商高的人由於能夠清醒地了解、掌控自我情緒上的變化，同時敏銳感受並有效地回饋他人情緒上的變化，因此，他們在生活中的各個方面都占據了優勢。這種優勢直接決定了這部分人可以充分地發揮他們自身所擁有的多項能力，包括他們的天賦。

這種出色往往表現在他們的自知、自控、正確表達自我、社交技巧等各個方面。從這一意義上來說，情商的高低左右著我們的人生走向。而個人情緒表達又是整個情商能力的基礎，因此，我們可以下這樣的結論：情緒表達將影響我們的整個人生。

一般情況下，就算再熟悉的親友，也無法徹底地了解我們內心的感受——他人更多的是藉著我們的行為表現來預測我們的內心感受。但是，這種基於往日情緒狀況上的認知很有可能是錯誤的：個人行為表現的有限會導致他人錯誤認識我們真正的情緒，而在這種情況下誤解必然會發生。

在家人與朋友看來，不管李青感覺生氣還是沮喪，抑或是滿意、平靜，她的舉動看起來都是一樣的：她將自己關在小屋子裡，不停地敲打著電腦鍵盤，「與電腦交流」成了她隔

Part3　情緒表達：合理釋放情緒，有益心理健康

離外界干涉自我的最佳方式。

這種情況下，家人與朋友只能推測她的情緒。因為過分的關心，他們習慣於做最壞的假設：讓她獨自一人，並期望她能熬過可怕的情緒發洩期，結果，他們逐漸地習慣了沒有她的生活。

相比之下，佳佳的表現則是哭泣：不管是傷心、疲勞還是焦慮，只要負面情緒出現，她都會以哭泣來發洩。雖然所有人都能注意到她的反應，但是，除了嘆氣他們也不想多管什麼，「反正她總是這樣，一會兒就好了」。就這樣，佳佳被冠以「脆弱」之名，且不管是朋友出行還是團隊合作，大家都不願意與她同行——所有人都害怕她突如其來的眼淚。

相信每一個人都曾有過這樣的經歷：我們憤怒、不安，希望他人理解自己卻不得其道時，往往會以笨拙、有害的方法來錯誤地表達情緒。正確地表達情緒，你的人生將會獲得巨大的改變：你不僅將獲得更好的溝通結果、更高的溝通效率，同時也能夠增進個人與他人快樂的人生體驗——這種體驗將會讓他人變得更樂於而不是畏懼與你交流。

在東方文化中，不良情緒往往被冠以「惡名」，比如嫉妒、發怒、焦慮，因此，我們習慣於迴避真實的情緒表達。事實上，情緒多半是對我們正在進行中的事情所做的回饋，它與我們真實的自己並不符合。比如，「感覺不高興」與「表現不高興」在很多情況下是兩件完全不同的事情：你可能當

下以不高興的方式來回應了同事,但事實上,你只是忙著處理必須馬上上交的工作,可在你的同事看來,你就是在對他表達不滿或是不高興。

一旦情緒成了反映你當下狀況的方式,你會發現,它們真實地影響著你的人生。

情緒未表達、未正確表達,都會導致以下問題:

你無法向周圍的人傳遞你內心的想法

短時間內的情緒被遏制、無法表達,可能不會產生大的影響,但是,長時間無法正確地表現自我情緒,便會使個體陷入失控的危險之中:許多人未能將他們焦慮、煩躁與不安的情緒表達出來,負面情緒不但沒有被驅散,反而不斷地累積,直到最後全面爆發。

你剝奪了自己達成期望的機會

當一些你不喜歡但他人又無法覺察的小事重複地進行時,你會感覺到厭倦、煩躁不安。比如,朋友一直向你借錢,但本就資金緊張的你又沒有拒絕的習慣,只得迫於「好人」名號的壓力外借——這讓他人誤以為,你是樂於借出錢的,但在你心裡,這種「被迫借錢」的煩躁會逐漸增強,最終造成你情緒上的崩潰。你甚至有可能對從未借過你錢的朋友甚至是單純要求你幫助的同事大發雷霆。

Part3　情緒表達：合理釋放情緒，有益心理健康

相同的情況很容易導致憤怒。當你想要獲得某些正常的權利，比如，影響、尊敬、獨處甚至是短暫的休息，卻沒有表達出自己的情緒時，結果自然會讓你不滿。因為他人根本不知道你在想什麼，所以他們無法做到你想要他們做的事情，而你也會逐漸地在內心累積憤怒的情緒，直至最終爆發。

造成健康受損

不懂表達會讓我們的心理與身理皆承受巨大的壓力，進而導致疾病，這一點已經被心理學所證實。不善表達、不懂表達的人，罹患心理疾病、心腦血管疾病的機率將會大大高於普通人群。

造成個人形象模糊

如果他人對你的感受沒有概念，那麼，他們就無法知道你的個性，所以，心理學將情緒表達視為個體個性判斷的一個重要部分。當你鎖住了個性以後，便等於拒絕了你的家人、朋友、同事去認識真正的你。

所以，我們有充分的理由相信，情緒表達會影響我們的整個人生，同時，我們也有充分的理由去盡可能根據場景的不同，來正確地表達自我情緒。

Part4
情緒管理：
提升情商，做情緒的主人

情緒是人們對環境的一種反應。在為人處世的過程中，如果不能很好地管理自己的情緒，必然會讓自己四處碰壁、寸步難行。每個人都需要情緒管理，在了解情緒的基礎上提升情商，做情緒的主人。一旦你能靈活自如地消除不良情緒，那麼你必然會擁有健康的身心，能保持最佳的狀態，與身邊的人和諧相處，離成功、幸福越來越近。

Part4　情緒管理：提升情商，做情緒的主人

好情緒源於自我管理

　　一個懂得自我管理的人在受到挫折時不會垂頭喪氣，在成功時不會趾高氣揚，在衝動時不會橫衝直撞。為什麼自我管理有如此神奇的魅力？因為良好的自我管理能培養出好的情緒，而好情緒又可以幫助自己管理好行為，由此形成一個良性循環，不斷地促進自身的進步和成長。

　　法蘭克是一個工作能力很強的人，但是從小就有一個壞毛病，遇到不順心的事就喜歡摔東西。

　　一次，法蘭克拿著自己辛辛苦苦弄好的策劃書去給客戶看，結果客戶不但不滿意，還挑了一大堆毛病。法蘭克回來以後生氣地把策劃書往桌上一摔，然後又拿起別的東西重重地摔了幾下，弄得整個辦公室的人都看著他。

　　第二天，法蘭克就收到了一封解僱信。當法蘭克生氣地問老闆怎麼回事時，老闆說：「我不能讓一個連自己情緒都管理不好的人來接觸我的客戶。」

　　每個人都會遇到一些不順心的事，能否合理地發洩、管理這些壞情緒直接反映出一個人的素養高低。法蘭克面對壞情緒，選擇了一種極不恰當的方式來發洩，這展現出他不但不善於管理情緒，而且還放任情緒肆意破壞事情的發展的個性。

與之相反,一個人如果能管理好自己的情緒,就能得到更多的人的相助和機遇的青睞,獲得更多成功的機會。

艾達是一個化妝品售貨員,有一天她遇到一位非常挑剔的女士,艾達已經為她推薦了好幾款化妝品了,但是她不是嫌太貴,就是覺得不夠好,最後她竟然開始責備艾達:「小姐,作為一個售貨員,你太不專業了,不能為顧客挑選到合適的東西,這是你嚴重的過失。」

大家心裡都為艾達抱不平,以為艾達一定會狠狠地罵一頓這個不講理的顧客。但是艾達居然還是微笑著對這位女士說:「真的對不起,沒有為你挑選到合適的產品,不如你再把要求詳細說一說,我多為您推薦一些好嗎?」

幾天以後,艾達被升為這個化妝品的部門經理,原來那天那個難纏的女士是這個化妝品品牌的總經理。當總經理問艾達為什麼不生氣時,艾達說:「我當時真的很生氣,但是爭吵並不是發洩我壞情緒的最好辦法,所以我要管好它,不讓它跑出來影響我的工作。」

其實每個人都會有一些壞情緒,這是正常的。一個心理健康的人不會否認自己情緒的存在,而是選擇合適的時間、地點來發洩自己的負面情緒,盡量把這些糟糕的情緒可能帶來的壞影響降到最低,這就是自我管理對情緒的重要性。

我們要成為情緒的主人,善用情緒的價值和功能,而不是讓情緒左右我們的思想和行為,成為它的奴隸。那麼,如

Part4 情緒管理:提升情商,做情緒的主人

何自我管理呢?我們可以從以下幾個問題中尋找答案:

我被什麼情緒包圍著?

自我管理的第一步就是要能清楚地認識我們的情緒,並且接納我們的情緒。情緒是我們真實的感受,只有我們清楚認識了我們的感受,才有機會掌握它們。不同的情緒會有不同的表現,所以不同的情緒也需要不同的辦法去管理,只有明確地知道它是什麼,才能想出辦法來應對,所謂知己知彼,才能百戰百勝。

我為什麼會有這種情緒?

「我為什麼生氣,為什麼難過,為什麼失落?」太多的為什麼會矇蔽我們的眼睛,找出根源才能知道我們現在的反應是不是過度或者正常,找出病因才能對症下藥。

面對這些壞情緒我該怎麼辦?

想想看,做什麼事情的時候你會忘記你的壞心情?也許是運動、獨處、聽音樂、到郊外走走、大哭一場、傾訴⋯⋯不論是什麼方式,只要是能改善你心情的辦法都是好辦法。

一個懂得自我管理的人,會消除不良情緒,延續正向情緒,從而使自己保持好心態。心態好,遇到任何事情都能樂觀面對,自然天天都有一份好心情。有了這樣的情緒狀態,難事不難,一切都盡在掌握中。

正確排解憤怒的情緒

英國著名的生理學家約翰・亨特（John Hunter）是一個脾氣極其暴躁的人，由於長期處於憤怒狀態中，他的身體頻出狀況。約翰・亨特曾經笑稱：「如果誰想殺死我，只需要激怒我就可以了。」

一次，因為家中雞毛蒜皮的一點小事，約翰・亨特和妻子大吵起來。就是因為這次憤怒的爭吵，讓約翰・亨特發現他的心臟出現了問題。經醫生診斷，他患上了嚴重的心臟病。在這之後，妻子與他相處都十分小心，生怕哪句話或者哪個動作激怒了他。

可是在不久後的一個學術交流會上，約翰・亨特與一位教授的觀點產生了分歧，這讓他怒不可遏，拍案而起。隨著辯論的更新，約翰・亨特當場倒地昏迷，最終因搶救無效死亡。約翰・亨特最終的結局驗證了他那句玩笑話，正是憤怒讓他走上了死亡之路。

暴脾氣的約翰・亨特當然是個特例，有研究顯示，最後失去控制、大發雷霆的人，通常都經歷了連續的情緒累積過程。每一個拒絕、侮辱或無禮的舉止，都會給人留下激發憤怒的殘留物。這些殘留物不斷積澱，會導致急躁狀態不斷上升，直到

「最後一根稻草」到來，個人對情緒的控制完全喪失，出現勃然大怒的情況為止。在這個過程中，除非內心控制的大門快速地被關上，否則，這種狂怒極易造成暴力和傷害。

心理學認為，生氣是一種不良情緒，是消極的心境，它會使人悶悶不樂，低沉陰鬱，進而阻礙情感交流，導致內疚與沮喪。相關醫學資料顯示，憤怒會導致高血壓、胃潰瘍、失眠等疾病。據統計，情緒低落、容易生氣的人，患癌症和神經衰弱的可能性要比一般人大得多。同病毒一樣，憤怒是人的一種心理病毒，會使人重病纏身，一蹶不振。

發怒源於內心的憤怒，一個心智健全的人絕不會無緣無故地發怒，總有原因和針對性。這個原因在易怒者眼中是不可忍受的導火線，但在另一些人看來，則會被認為不必或不屑為之動氣。班傑明・富蘭克林（Benjamin Franklin）曾說過：「任何人生氣都是有理由的，但很少有令人信服的理由。」

一般來說，憤怒基於責備。一旦陷入責備的對抗中，憤怒就會接踵而至，就像黑夜緊隨白天那樣自然。為了避免陷入這一困境中，唯一可行的辦法是為它找到一條可行的出路，而這一出路只有運用情緒管理才能實現。

懂得預留冷靜時間

通常憤怒的持續時間為 12 秒鐘。不過，這短短的 12 秒就如同一場巨大的災難，爆發時會瞬間摧毀一切。所以，為

自己預留冷靜時間，平安度過這 12 秒鐘是控制憤怒情緒的關鍵。當你意識到激烈情緒正在醞釀時，馬上做 3～5 次深呼吸，然後在心中默唸 1～10 個數字。當你做完之後就會發現，憤怒情緒已經有所降低，自己也不像剛才那麼生氣了。

學會幽默

生活和工作中，我們聽到幽默的話語或者遇到幽默的事件，都會開懷大笑，心情瞬間變得放鬆愉悅。多注意培養自己的幽默情緒，將注意力轉移至觀察周圍快樂的事物上，便能有效地克制憤怒。幽默如同人生的調味品，當這種味道偏「濃」後，生氣的時間自然就減少了。

用理智控制憤怒

發怒是個人失去理智的控制權所致，那麼，如何才能較好地控制住憤怒這種負面情緒呢？心理學家曾經做過這樣一個試驗，特意將寫有「息怒」或「制怒」的警示詞語貼在人們一眼就能看到的地方。當人們情緒受到強烈刺激的時候，看到警示牌人們便會冷靜下來。

《聖經》中的箴言告訴人們：不輕易發怒的人，大有智慧；性情暴躁的人，大顯愚妄。如果你不想做一個用釘子傷害別人的傻瓜，那麼就請控制好自己的壞脾氣吧！

Part4　情緒管理：提升情商，做情緒的主人

善待每一個挫折

　　哈佛醫學家曾對 65～75 歲老人進行的一項調查表明：心力強盛的人比心力交瘁的人平均多活 4.8 歲。所謂「心力強」，主要表現在三個方面：一是為完成某項事業而活，即使已老卻仍忘年地工作，不知疲倦，總覺得自己年輕；二是為完成某種責任而活，或為後代求學，或為老伴有依靠等，總覺得自己應該努力地去工作，累積財富，做什麼都覺得有滋味；三是以平靜的心態對待疾病，或曰「心理抗爭力」強，這種人病後容易康復。這最後一條「心理抗爭力」，其實就是抗挫折力。

　　挫折會給人的身體和心靈造成一定的打擊，甚至會給人帶來無盡的痛苦，然而挫折又是一種挑戰和考驗，正如英國哲學家法蘭西斯·培根（Francis Bacon）所說：「超越自然的奇蹟多是在對逆境的征服中出現的。」只要我們以積極的心態去面對挫折，挫折便會產生積極的意義，它可以幫助人們驅走惰性，催人奮進。

　　貝多芬是偉大的音樂家，他創作出了許多膾炙人口的作品，這種成就的獲得卻並非一帆風順，而是充滿了艱辛。但是正是由於貝多芬笑對種種苦難，才最終成就了自己輝煌的人生。

貝多芬的父親是一位宮廷男高音歌手，在他的教導下，貝多芬從 4 歲起就學習彈鋼琴，並對長笛、小提琴、中提琴等有廣泛的了解。17 歲時，母親去世，父親終日飲酒，於是家庭的重擔落到了貝多芬的肩上。後來，他到各地學習知識，接受系統的音樂教育，逐漸發展起自己的事業。

然而不幸和打擊卻意外地接踵而來。27 歲那年，貝多芬發現自己漸漸的耳朵漸漸聽不到，並且病情日益惡化，這嚴重威脅到貝多芬的音樂生涯。到了中年，貝多芬的耳朵已完全喪失了基本的聽力，但是，失聰之後，他立下誓言：「我將扼住命運的咽喉，它絕不能使我完全屈服。」

正是這種堅如磐石的意志，使他登上了藝術殿堂的高階。在漫長的時間裡，貝多芬沒有放棄自己的音樂理想，他不停地耕耘，先後創作出〈月光奏鳴曲〉、〈第二交響曲〉、〈第 9 小提琴奏鳴曲〉、〈第三交響曲〉、〈華德斯坦〉、〈熱情奏鳴曲〉等作品，為自己贏得了「交響樂之王」的稱號。

「天才是百分之一的靈感，加上百分之九十九的汗水。」這是湯瑪斯・愛迪生（Thomas Edison）留給我們的名言。想要獲得自己期望的幸福、成功、快樂，我們必須付出自己的努力，尤其是在遭遇挫折時，更不能輕易放棄。

世事常變化，人生多艱辛，我們對人生的發展要有清醒的認知，不可奢望一勞永逸的結果。古往今來，凡是擁有大

志、成就大事的人，都曾飽經磨難、備嘗艱辛。

既然苦難和挑戰不可避免，我們就要學會不在逆境中沉淪，笑對逆境，奮起抗爭。遭遇挫折的時候，應該懂得從如下兩個方面努力：

在挫折中磨礪自己

生活中的挫折和磨難，並不都是壞事。平靜、安逸、舒適的生活，使人安於現狀，貪於享樂。挫折和磨難，使人變得堅強起來。痛苦和磨難擴大我們對生活的認知範圍，加深認知深度，使自己更加成熟，幫助我們認識人際關係的複雜性，讓我們總結經驗，改進自己，使我們在如何調整和處理人際關係上學到更多的東西。

成就事業的過程往往也就是戰勝挫折的過程。強者之所以為強者，在於他們遇到挫折時善於克服自己的消沉和軟弱。挫折的正面作用，就是激發人的進取心，磨練人的個性和意志，增強人的創造力和智慧，使人更清醒、更深刻地認識問題，從而增加知識和才幹。

快速突出重圍

身陷逆境的時候要善於從中尋找逆境出現的原因，以及解決問題的方法和途徑。無論是主觀上的過錯，還是客觀條件的改變，都會帶給我們麻煩。最重要的問題是主動解決問題，這樣就能避免過分抱怨，從而獲得突破。

一個人克服一點困難也許並不難，難的是能夠持之以恆地堅強下去。因此，任何人想做一件大事，首先要經受心理的極限挑戰。失敗的人之所以不成功，是因為他們無法克服挫折帶來的失敗體驗，這種感受折磨著他們的身心，直到他們倒下去，徹底絕望為止。所以，成功的要義首先是戰勝挫折情緒。

生命不過匆匆幾十載，活著就要有活著的意義，即使我們透過努力也實現不了我們的夢想，那麼永不言棄也是一種成功。在現實生活中，許多人對失敗定論得太早，遇到一點點挫折就對自己的工作產生了懷疑，於是半途而廢，致使前面的努力全部白費，功虧一簣。所以，唯有經得起風雨考驗，面對困難毫不動搖的人才是最後的勝利者。

Part4　情緒管理：提升情商，做情緒的主人

用適合自己的方法緩解憂鬱

　　人的憂鬱就像不停滴下的水，通常會使人心神喪失。面對時刻都在變幻的世界，許多人都有一種無力感，有太多讓我們憂慮的事情，而這種無止境的憂慮會慢慢變成憂鬱，把我們逼到死角。

　　諾貝爾醫學獎得主亞歷克西・卡雷爾（Alexis Carrel）博士說：「不知道抗拒憂慮的人都會短命而死。」這點在醫院裡就可看得出來，世界各地的高血壓、心臟病、胃病、心理疾病等病患數量呈不斷上升的趨勢，這些病症多半都和人自身的情緒、壓力相關。也許你也像大家一樣，或多或少有這方面的問題，現在你需要了解它的根源，而它的根源就是「頭腦」。

　　尼古拉斯經常與人發生激烈爭吵，有時候他被朋友勸阻了，但是仍然氣憤難平，這種糟糕的壞情緒總是會延續到第二天，最後發洩到家人身上。久而久之，大家都不太喜歡和尼古拉斯有過多的接觸，尼古拉斯的人緣也越來越差。

　　後來，大家發現尼古拉斯變了，他脾氣似乎不那麼暴躁了，與人吵架之後不再氣憤難平，而且也能很快恢復平靜。當人們問他原因的時候，尼古拉斯說：「我能變得平靜，全依

靠一篇歌頌雷電的詩篇。」

接著,尼古拉斯還現場朗誦了一段:「雷!你那轟隆隆的聲音,是你車輪子滾動的聲音!你把我載著拖到湖邊上,拖到江邊上,拖到海邊上去呀!我要看那滾滾的波濤,我要聽那咆哮,我要到那沒有陰謀、沒有汙穢、沒有自私自利、沒有人的小島上去呀!我要和著你的聲音,和著那茫茫的大海,一同跳進那沒有邊際、沒有限制的自由裡去!」

原來,尼古拉斯在生氣時就朗誦這樣的詩句,頓時感覺心裡的不滿全被發洩出來了,自然也就平靜了。

現代生活中的人們每天要面對各式各樣的壓力,不論是來自家庭、事業,還是感情、人際關係,如果這些壓力一直得不到正確宣洩,就會形成沉重的心理負擔,若心理負擔還是得不到排解,就容易形成憂鬱症。尼古拉斯雖然還沒有發展成為憂鬱症,但是他糟糕的情緒已經給他的生活造成影響,大家都開始害怕和他接觸,最後的結果可想而知。

人對於負面情緒的承受能力是有一定限度的,就像一個人不能總是背著沉重的石頭走路,這樣不僅會減緩前進的步伐,甚至有一天這塊石頭會把人死死地壓住,動彈不得。

一個人想要成功就要懂得輕裝上陣,適當地發洩自己內心的積鬱,讓你的心靈變得輕盈,你才能在成功的道路上越走越快,也只有輕盈的心靈才能讓你有一份美麗的心境去欣

Part4　情緒管理：提升情商，做情緒的主人

賞沿途迷人的風景。既能獲得成功，又能享受成功的過程，這樣的人生才是飽滿和諧的。而想達到這樣一個目標就要學會合理發洩。

要怎樣發洩內心的不良情緒呢？下面我們就來介紹一些有用的辦法。

學會哭泣

現在的人們被告知要「堅強」，但是堅強並不代表你要忍住淚水。哭是人們感情的自然流露，在傳統的觀念裡，哭就代表軟弱，但無論是男人還是女人，在重重的壓力下能哭出來都是一件好事。哭泣在人們遭到嚴重的精神創傷，陷入可怕的絕望和憂慮時是一劑良藥。

激動時候的眼淚帶有壓力激素，而且蛋白質含量非常高，這種蛋白質是對身體有害的物質，所以就算哭泣會讓你難堪，它也是在表明你糟糕的情緒已經損害了你的健康，它可以把那些有害物質排出體外，減少壓力對身體的危害。

喊出你的壓力

很多時候不正確的發洩方法會讓你承受不良後果，所以找到一個合適的地方來喊叫可以幫助你釋放壓力。

喊叫法就是透過急促、強烈、粗獷、無拘無束的喊叫，將內心的積鬱發洩出來，從而平衡精神狀態和心理狀態。如

果你覺得自己不能適應喊叫這種方法,那麼唱歌、朗誦都是不錯的方法。

找到合適的出氣筒

任何人都不希望變成別人的出氣筒,但是在你飽受不良情緒困擾的時候就需要一個出氣筒。

你可以把你所有的不滿和怨恨都寫在紙上,然後燒了它,讓你的煩惱隨著火焰變成灰燼,不要再記起它,接下來就會一切恢復如常。如果你覺得寫在紙上還是不能解決問題的話,你可以跑到一個沒人的地方,把一切氣話完完全全地說出來,甚至可以說得狠毒一點。這樣你心中壓抑的情緒自然會釋放出來,你也就會變得輕鬆起來。

當人們悲傷和痛苦的時候,總是希望得到別人的幫助與分擔,但是在沒有合適人選的時候,我們就要學會自我宣洩、自我釋放。發洩可以減輕心理負擔,保證心理健康,同時也是成功控制情緒的表現。要學會用發洩來為我們的心靈打掃環境,保持心理的清潔。

Part4　情緒管理：提升情商，做情緒的主人

如何正確對待莫名的自卑

　　自卑是一種負面的自我評價或自我意識。一個自卑的人往往會過低地評價自己的形象、能力和特質，總是拿自己的弱點和別人的優勢比，覺得自己事事不如人，在人前自慚形穢，從而喪失自信，悲觀失望，不思進取，甚至墮落沉淪。

　　自卑的人總感覺處處不如別人，自己看不起自己，「我不行」、「我沒希望」、「我會失敗」等話語總是掛在嘴邊。自卑的人又往往自尊心極強，自卑與自尊經常會發生衝突，這種衝突造成了極其浮躁的心理。

　　卡登在某研究所工作，他的學識與技術並不算差，但是，因為自尊心過於脆弱，所以，儘管已30多歲，他卻依然無法與同事們和睦相處。原因是，不管是在學術問題的具體討論上，還是在工作方案的安排上，甚至就連一些對日常瑣事的處理與安排上，只要他人與自己意見不合，他便會感覺面子受損，一點也無法容忍，並且會立刻發作，非要他人按自己的想法去做。不然，他便會不依不饒，甚至會惡語相向。

　　在卡登看來，他永遠比別人高一等，自己的意見必然是正確無誤的，他人只有聽從的份，否則便是在反抗自己、與

自己作對。而這些，都是為了滿足自己那過於脆弱的自尊心。

在研究所中，與卡登相處稍久一些的人，無不對其敬而遠之。而每一次的工作任務安排，則鮮有人願意與之組隊，搞得上司對他也極為頭疼。他自己則認為，自己受到了輕視。

卡登過於脆弱的自尊實際上是對自己的極度不自信造成的。在哈佛心理學家看來，人的心理是否健康，並不僅僅取決於一個人是否能夠被社會接受，同時還取決於他是否能夠被自己接受。他人的讚譽與尊重，固然可以使人的自尊得到提升，但是，最高級的自尊永遠來源於自我的內在尊重感，即自我價值得到實現的感受。

從這一意義上來說，我們的自尊由「自敬」與「自信」組成。「自敬」是對自我的肯定，它很難透過外界的肯定獲得。「自信」則是自我在應對生活挑戰時所表現出來的勝任感。挑戰便意味著某種自己不擅長的難局，一味地待在自己習慣的舒適區中，如何去迎接挑戰？而一味迴避挑戰，便無法獲得勝任感。

我們需要了解的是，自尊心固然是人與生俱來的心理要求，但從來不是天上掉下來的免費禮物，是自己需要先付出一些代價之後，才能獲得的一種「自我認可與滿足感」。

許多人並沒有意識到，那些整日在自己腦海中存在的、負面的、不利的、干擾性的無關想法，對於自己的人生將會

Part4　情緒管理：提升情商，做情緒的主人

產生多大的害處。而很多人同樣認為，自己並沒有辦法控制這些負面的、能夠損害自尊的想法。事實上，人的一生中，能夠控制的、為數不多的幾件事中，便包括了控制思想。若你不去控制自己的思想與情緒，那麼，它便會被種種外因所控制，而這將會讓你的自尊變得非常脆弱：你會因為他人一個輕蔑的眼神、一句否定的話語而陷入軟弱的人生中。

想要擺脫這種人生，你需要按以下步驟，來逐漸構築健康的自尊：

整理自我思維

當你陷入對某些事情的思考中時，不如問問自己：我的思維現在正走向何方？是僅僅圍繞著問題本身不斷地原地打轉，還是集中精力，去尋找能夠解決問題的方法？

要記住，只有那些能夠為問題提供解決方案的思想才是有用的，若是僅僅圍著問題兜圈子，那它對你的自尊毫無益處。

找出自己的成就

我們都有這樣的錯覺：回憶過去的失敗或者難堪的經歷，要比回憶所獲得的勝利更加容易。但是，自信來自你所獲得過的成功。面對壓力或不堪的時刻，你應先回想自己已經獲得的成就，這將對你改變自我糟糕的處境有極大的幫助：正面的思想可以讓你感覺良好，也將增強你的為人處世能力。

你應該列出自己的十項成就，雖然這有可能會花費你很長的時間，但是如果你在心裡記住這種成就感，並時常提醒自己近來成功做完的事情，你的人生便會輕鬆很多。

讓自己理性預期

在接受殘酷的考驗以前放鬆自己通常不會有好的效果，因為你的大腦正在對你說著有關準備方面的事情——你還沒有充分地準備好。心理軟弱的人並不會正確地讓自己根據要求準備，因為他們無法預料要求是什麼。而理性的預期則是將現在的情況與過去發生的事情類比。

理性預期可以增強我們的心理強韌度，因為最不確定的事情，通常就是我們未曾預期的事情。你應這樣嘗試：當你準備解僱某人，而你從前從來沒有解僱過誰的時候，理性的預期會幫助你收集此類事情有可能發生的最壞情況，然後，你將尋找改進這些壞情況的方法，同時根據被解僱者的個性來恰當地想像。

嘗試在壓力下工作

人身處壓力與問題中時，往往能夠從中汲取堅韌的力量。你可以每天找一些簡單的、對自己有挑戰意義的方法來磨練自己。如果你畏懼在公眾場合發言，那麼，你就應該養成在公眾面前提問的習慣，這可以使你從一個側面去面對自己的恐懼，同時也能讓你漸漸地學會適應在更大的場合中發言。

多看到好的方面

如果你總認為自己的生活比別人不幸的話,那麼,你便很難保持心理健康。真正的強者可以試著從最糟糕的環境中看到最好的希望,並會反思:「如何才能讓人生更完美?」

讓自己建立起健康的自尊並非是一蹴而就的,最好的做法是,讓自己在誘惑與挑戰面前變得堅定與堅強,並將積極的做法形成習慣。一旦你能夠讓積極的思想排除掉消極的思想,你便離自強、自尊與自信更近了一步。

焦慮的時候，其實可以這樣做

很多人不清楚焦慮到底是一種多麼糟糕的情緒感受。它只是一種不愉快的、需要熬過去的感受，還是什麼更嚴重的問題？根據 18 至 19 世紀心理學家們的看法，人在焦慮時，擔憂與反思不僅會分散自身的注意力，還會將個人精力消耗殆盡，而且，焦慮會令人極度不悅。

職場人哈林長期被焦慮情緒所困擾，他對焦慮有如下的描述：「先是全身感覺到刺痛，然後，自己的精神陷入了麻痺，你開始無法思考到底要做出怎樣的決定。不切實際的工作要求引發了你的焦慮，但你發現不做決定讓事情變得更糟糕了，因為這樣一來，你的效能就在下降。」

哈林試圖掩飾自己的不安，因為他害怕上司會認為他不適合做這份工作。他所在的辦公室，「埋頭苦幹」是盛行的文化，因此，人人都不願意承認自己是有弱點的人──在這樣的環境中，他希望自己被視為高效、抗壓能力強的員工。

哈林堅信一旦表露脆弱，他的老闆就會開除他──他反覆地回想著一切事情正在變壞的跡象，並越來越確信，自己正在失去老闆的信任，這讓他越來越焦慮。

焦慮是人們對某些威脅性事件或者某種情況過度預期而

Part4　情緒管理：提升情商，做情緒的主人

產生的高度憂慮不安的狀態。這種情緒往往會導致高度的緊張，使人精神過度敏感，嚴重者甚至會引發生理與心理出現不同的功能性障礙。焦慮程度過高的人會出現頭暈、胸悶、睡眠障礙等疾病，在行為上也會出現暴飲暴食、反常、囉唆等症狀。可以說，我們處在一個焦慮時代裡，人人都患有不同程度的焦慮症。

哈佛幸福課講師塔爾・班夏哈（Tal Ben-Shahar）認為，長期處於焦慮狀態下，可以看作是一種「情感破產」。當個體的負面情緒不斷增多，焦慮與壓力問題越來越多的時候，社會便正在走向幸福的「大蕭條」時期。哈佛醫學博士艾薩克・馬克斯在自己的著作 Living With Fear 中為我們提供了以下緩解焦慮的方法：

積極地身體鍛鍊，為心理減壓

身體是革命的本錢，失去了身體健康，事業、愛情、名譽等一切都會化為烏有。所以，讓自己積極地參加體能活動，合理而有秩序地安排每一天的工作與生活，不僅可以讓自己的身體得到鍛鍊，更能讓自我壓力得到釋放。

尋找成就感

成就感是化解焦慮的最好方法，一個擁有成就感的人，其內心也會充滿力量與富足感，焦慮也很難將他打敗。當你學會了不斷地提升自我、為自己制定出自我提升計畫，並按

計畫及時充電,同時將所獲得的知識與技能用於現實生活中後,成就感便會油然而生。

只和自己比

若你一味地與他人比較,便難免陷入惡性比較中:只會拿自己的缺點與他人的優點比較。其實,你完全可以將眼光從別人的身上收回來,讓自己與自己比:今天的我是否比昨天進步了?這次的工作我是不是做得比以往更出色了?學會與自己比較,不但是使焦慮完全化解的高招,更是督促自我進步的最好方法。

遠離胡思亂想

可能你的個性非常敏感,他人一個冷漠的眼神,便足以讓你產生諸多的負面聯想:我是不是做錯了什麼?是不是這一次的升職又無望了?在這樣的負面想法中不斷糾纏,只會讓你越來越焦慮。事實上,你只需要做好你自己就好了,又何必對他人的看法與想法在意太多呢?

合理的時間安排

找一個安靜的地方,整理自己的時間是非常必要的。當你列出了自己需要做的事情,並根據事情的輕重緩急進行具體的安排,同時按部就班地去做時,你便會發現,自己的焦慮程度大大減輕,而工作也變得順利多了。

Part4　情緒管理：提升情商，做情緒的主人

為自己留出放鬆時間

日常生活中，讓自己避免參加一些無意義的應酬，讓自己在行為上表現出快樂與自信，給自己留出時間多靜思，或者去聽聽音樂、與朋友一起聊聊天，都是極佳的自我放鬆方式。

治療永遠不如預防，樹立起積極的心態會幫助你更有效地預防焦慮的出現。唯有在積極的心態下，尋求個人內心的獨立，並擁有清晰的自我認識，你才不至於在人生的發展上陷入迷茫，更不會產生無所適從的煩躁感。打造個人優勢，在遇到了問題時及時解決，不為自己增加過多的無謂壓力，你才能遠離焦慮的傷害。

傷心的時候，要給心靈鬆綁

一場戰亂幾乎摧毀了萊茵河畔的小城，戰前四處逃難的居民回到家鄉後，見到遍地的廢墟，不禁悲從中來。有的人開始抱怨戰爭的殘酷；有的人則開始為自己毫無依靠、毫無方向的人生迷茫不已；有的人因為國破家亡、妻離子散而一蹶不振；有的人堅強地放下了心中的悲傷，努力重建自己的家園。

多年以後，很多人重新開始了自己的幸福生活，他們找回了戰亂之前的幸福，而有的人卻一直都沉浸在悲痛之中難以自拔，戰爭在他們心中留下了不可磨滅的陰影和傷痛。

有位老者看到那些心靈依然難以癒合的人，非常同情他們，於是就找到牧師，希望他能夠幫助這些受傷者脫離苦海。牧師卻搖搖頭，無奈地說：「微笑的人得到了生活的補償，失落者則繼續著生活的傷痛，對此我也無能為力，因為幸福只留給那些微笑著且對生活懷有希望的人。」

一位思想家曾說：「順利只能引導我們走向世界的一端，不幸卻能將我們調轉方向，讓我們看到世界的另一端。」人要懂得善待不幸、辯證觀事，須知很多事情從眼前看來可能是壞事，但從長遠來看，也許正是幸福和快樂的先兆。

Part4　情緒管理：提升情商，做情緒的主人

　　德蕾莎修女（Mater Teresia）是廣為美國人所敬愛的慈善人士。一本書中記述了德蕾莎修女對待人生的態度：

　　「一次，當我做完彌撒，和德蕾莎修女談到人世間諸多的痛苦和不幸時，她對我說：『其實，世上的痛苦又何嘗不是俯拾皆是，但如果我們視其為上天恩賜的禮物，那麼人們周圍便會減少幾許悲觀，平添些許快樂……』」

　　「不久以後，我和德蕾莎院長乘飛機去紐約。但飛機起飛前出現了故障，被迫停飛。當時，我感到失望和沮喪，但想起了德蕾莎院長曾說過的話，便這樣對她說道：『德蕾莎修女，我們今天得到了一份禮物——我們得待在這裡等四個小時，您不能按計畫趕回修道院了。』」

　　「德蕾莎修女聽完我的話，微笑著看了看我，然後便安然地坐下來，拿出一本書，靜靜地讀了起來。」

　　「從那以後，每當悲傷情緒即將襲擊我時，我便會用這樣的話語來表達：『今天我們又得到了一份禮物』、『嗯，這可真是個特殊的大禮物』……而這些話竟然真有神奇的效果，往往就在不經意間，困頓難釋的心境變得開朗，莫名的煩惱也消失不見，連微笑也會在說話間悄悄爬上臉頰……」

　　生活中不可能只有歡笑，沒有悲傷。每個人的心底都會有或深或淺的悲傷。許多時候，有了悲傷的體驗，你才能更珍惜快樂愜意。因此，悲傷的時候，不妨好好體驗一下這份

傷感，讓身心得到一次淬鍊，也許在不久的將來你就能清楚其中的益處。另外，我們還可以透過以下兩種心態來看待悲傷：

辯證地看待悲傷

老子曾說：「禍兮福之所倚，福兮禍之所伏。」意思是福與禍相互依存，可以互相轉化。同樣，悲傷與快樂也是相互依存的關係，在一定條件下也可以相互轉化。因此，我們要學會辯證地對待悲傷情緒。悲傷情緒透過我們的自控，也會合理地轉化為正向的情緒，讓我們有更多的時間去做有意義的事情，而不是自怨自艾。

從悲傷情緒中尋找收穫

當我們面臨苦難時，要將自己的悲傷情緒遷移，從重壓和苦難中汲取營養，在黑暗中褪去徬徨，尋找一絲絲似夢的明光。要知道，上帝是公平的，他把這份苦澀的禮物賞給了每一個人，以至於我們不能抱怨他的冷酷或者偏心。

任何時候，苦難都是英雄的營養，而英雄又何曾把苦難放在心上。他們把苦難當作歷練的基石，在苦難中理解人生，並獲得進步。因此，你不會在成功者身上看到肆無忌憚的悲傷的情緒。

人生的煩惱往往是自己給自己編織的一個囚籠，有時候心無旁騖反而可以活得快樂。因此，不帶著悲傷上路，不把

Part4　情緒管理：提升情商，做情緒的主人

傷痛放在心上，你才能獲取奮進的力量。人都是握著拳頭來到這個世上，然後又撒手離去的。所以不要把時間花費在那些終究要化為灰燼的東西上，與其讓悲傷情緒困擾一生，還不如化悲痛為力量，任時間終結一切。

享受孤獨而不深陷

　　人從一開始就孤獨地來到這個世界，最後又伴隨著孤獨離開這個世界，好像來這個世界就是為了擺脫孤獨，又好像來這個世界是專門為了證明孤獨，忙忙碌碌不敢停下來面對孤獨，倉倉促促卻要急著去會見孤獨。

　　人從少年開始，得不到父母親人、同學玩伴的關愛，便深深地陷入了孤獨之中；青年時期，得不到戀人、朋友的垂青，也深深地陷入孤獨之中；中年時期，得不到上司主管的器重、家庭愛人的理解，亦深深地陷入了孤獨之中；老年時期，得不到社會大眾、子孫後輩的尊敬，又深深地陷入孤獨之中……

　　有人說孤獨是一種美，其實孤獨是一種無奈，哪個擁有知心愛人的人願意孤獨呢？哪個擁有知心夥伴的人會把自己局限於孤獨之中呢？孤獨是一種慢性自殺，是一種精神上的無形消耗，誰也不願意長久孤獨，儘管短暫的獨處能給予人寧靜和身心的思考。

　　美國芝加哥大學心理學教授約翰・卡西奧普（John Cacioppo）在美國科學促進會年會上發表研究成果時說，孤獨可以削弱人體免疫系統，使人體血壓上升，壓力增大，有造成

Part4　情緒管理：提升情商，做情緒的主人

憂鬱症的危險。卡西奧普的實驗中，孤獨的人患心臟病和中風的可能性是不孤獨者的三倍，死於心臟病和中風的機率則達到正常人的兩倍。

孤獨產生的原因多而複雜，比如事業上的挫折，缺乏與異性的交往，失去父母的關愛，夫妻感情不和，周圍沒有朋友等。此外，孤獨的產生，也與人的個性有關。比如有的人情緒易變，常常大起大落，容易得罪別人，因而使自己陷入一種孤獨的狀態；還有的人精於算計，凡事總愛斤斤計較，過於考慮個人的得失，因此造成了人際交往的障礙。

自從張女士離開那個已與另一個女人生有一子的丈夫之後，孤獨便如影隨形地糾纏著她。她非常思念前夫，期待出現一個新的轉機，然而希望渺茫。如今她終日以菸為伴，日子過得黯淡無光。她感到自己既老又醜，病病歪歪，看到的一切，都有前夫的影子。

有時候，她憑窗眺望，尤其是在天氣晴朗的時候，就會不由自主地流淚。她三十六年的人生就這樣了無蹤影地逝去了，平靜而沒有任何波瀾，她至今仍無生活伴侶。時光繼續流逝，直到她四十歲，她毫無意義地度過了這些年頭。張女士心中明白，生活總會向前發展，那些有著美滿家庭的人，他們的孩子漸漸長大，而孤單的自己，總是一成不變，只能停留在一個階段上慢慢老去。然而，她卻不知如何才能擺脫束縛，讓陽光再次照到自己的心中。

孤獨帶給張女士的危害不僅是生活上的獨處，還有心靈上的感受。如果心靈上充足，興趣廣泛，那就不會有「孤獨」的感覺。心靈上空虛，無所事事，這時的獨處就會帶來恐懼，就會越想越煩，越想越怕，導致惡性循環。所以獨處的問題是出在「獨處」的感覺上，簡言之，就是「孤獨感」。

孤獨並不可怕，可怕的是對獨處的恐懼、焦慮、胡思亂想，結果會讓身心背上沉重的包袱。長期的孤獨會使人心靈空虛、思維失常、行為遲鈍、精神呆板，所有的危害很快就會相繼襲來。

心理學家發現，孤獨者的一些行為，常常使他們處於一種不討人喜歡的地位。比如他們很少注意談話中的對方，在談話中只注意自己，常常突然改變話題，不善於及時填補談話的間隙。但當這些孤獨者受到一定的社交訓練，如學會如何注意與對方談話後，他們的孤獨感就會大為減少。

孤獨的人應該認識到，除自己外，還會有其他人同樣存在孤獨感。想要消除孤獨感，我們每天應至少拿一點時間試著去接觸他人，要培養自己對他人生活或事件的興趣。可以先從某一個人開始，這樣就可以使交流更容易些，逐漸消除自己的封閉習慣。幫助他人，為他人做事會使你感到自己被人需要，這樣會減輕你的孤獨感。邀請別人和自己一起做事，譬如一起活動，就會使你找到自己所需要的同伴。

如果你沒有足夠的耐性化解孤獨中的浮躁，你還可以用下列方法來調節自己：

找點事情給自己做

想做什麼就做什麼，只要不違背良知和法律。你可以盡情地唱歌，也可以出外郊遊，還可以躺在床上睡大覺。

盡量少加班

頻繁的加班雖然讓人感到活得緊張和充實，但也會加重人的孤寂感。有人因寂寞而埋頭苦幹，讓自己無暇去思考，可不要忘記，工作並不是逃避的良方，只會使人更加寂寞。

學會關心

一方面，你應對自己好一點，注意衣著和髮型，讓自己更具吸引力和自信心。另一方面，你也要善待他人，像關心自己一樣去關心他人，接受他人，不要把每一個人都理想化。

多和家人團聚

常回家看看，有什麼煩惱，說給家人聽，一定會得到他們的肯定和幫助。凡事不要總悶在心裡。

找朋友聊天

去找幾個志趣相投的朋友，將你的喜惡、感情與他們分享。

另外，我們不妨試著多去參加社會活動或公益活動，在人群中感受溫暖。成為集體中的一員，和他人一起分享快樂，一起分擔責任和痛苦，這對有些人來說是不容易做到的。但是你一旦鼓足勇氣去參加一個活動，你就會找到使你感興趣的東西，還會發現一些你所喜歡的人，友誼也就隨之而來。讓我們一起擺脫孤獨的困擾，同時也遠離疾病和憂鬱。

Part4　情緒管理：提升情商，做情緒的主人

Part5
情緒調節：
趕走負面情緒，預防心理焦慮症

> 作為對外界的一種心理反應，情緒時刻伴隨我們左右。不過，情緒差別很大，好情緒讓人愉悅、自信，是成功的助推器；壞情緒讓人消沉、自卑，是失敗的導火線。學會調節個人情緒，就能管好心情，進而處理好人情，辦好事情，成功掌握自己的命運。

Part5　情緒調節：趕走負面情緒，預防心理焦慮症

情緒爆發的幾種誘因

日常生活中，人們聽到悠揚的琴聲會心情舒暢，參加朋友舉辦的浪漫婚禮會感到幸福，在遼闊的原野上奔跑吶喊會心胸開闊爽朗，看到街頭各式各樣奇怪的廣告會發笑，夜深人靜時思念愛戀之人會憂傷落淚，得知親人突然逝去會苦痛煎熬……情緒是一種十分美妙的東西，情緒帶領人們感知這個世界的酸甜和苦辣，可是它來自哪裡呢？情緒爆發的誘因是什麼呢？

從古希臘至今，歷代思想家都在試圖從理論上解釋情緒爆發的誘因。而當代情緒誘因理論則多注重經驗主義研究方法，很多獨立的理論並不互相排斥，大多數研究人員樂於採用多種視角，融合各種理論進行研究。普遍認同的三種影響較大的情緒誘因理論為：詹姆斯-蘭格理論（James-Lange theory）、坎農-巴德理論（Cannon-Bard theory）、情緒認知理論（cognitive theory of emotion）。

詹姆斯·蘭格理論

美國心理學家威廉·詹姆斯（William James）和卡爾·蘭格（Carl Lange）認為，情緒爆發的誘因是植物神經系統的活動，詹姆斯認為情緒就是對身體變化的直覺。他認為有機體

先有生理變化，而後才有情緒的產生。

當情緒刺激作用於我們的感官時，就會立即引起身體上的某種變化，產生神經衝動，衝動傳到神經系統爆發情緒。情緒刺激引起生理反應，而生理反應進一步導致情緒體驗的產生。這種理論意識到了情緒與有機體的直接關係，強調植物性神經系統在情緒中的作用，卻忽視了外界環境對情緒爆發的影響，具有一定的局限性。

坎農 - 巴德理論

心理學家沃爾特·坎農（Walter Cannon）與菲利浦·巴德 Philip Bard 認為，情緒爆發是外界刺激引起感覺器官的活動。感覺器官發放神經衝動傳到視丘，在視丘中同時向上向下發出神經衝動，向上傳到大腦產生情緒，向下傳到交感神經引起生理變化。

可見，情緒的爆發和生理變化是同時產生的，當受到外界刺激時，神經受到視丘的控制爆發情緒，所以外界刺激是爆發情緒的主導因素。坎農與巴德的理論單單從外界環境刺激方面尋找情緒爆發的誘因，忽視了人類自身的生理條件不同也是誘發情緒的重要原因，因此也具有一定的局限性。

情緒的認知理論

心理學家瑪格達·阿諾（Magda Arnold）認為，刺激情景並不直接決定情緒的性質，從刺激出現到情緒產生，要經過

Part5　情緒調節：趕走負面情緒，預防心理焦慮症

對刺激的估量和評價，情緒爆發的過程是：刺激情景 - 評估 - 情緒。對待相同情景刺激的不同評價會產生不同的情緒。

著名心理學家彼得‧辛格（Peter Singer）提出，個體生理的高度覺醒和個體對生理變化的認知性覺醒是爆發情緒的必要條件。情緒是認知過程、心理狀態和情景刺激三者在大腦皮層整合的結果。在情緒活動中，人不僅接受環境中的刺激事件對自己的影響，同時也要調節自己對刺激的反應，他認為情緒在認知的指導下具有初評、次評、再評三個層次。這種理論總結了以前的觀點，認為情緒爆發的誘因有兩個，分別是自身的生理條件和外部環境刺激，這也是現在的主流觀點。

有位反射弧非常長而且脾氣非常好的張先生，一次，他家著火了，妻子急得直跳腳，趕緊把家裡貴重的東西拿出來。可張先生呢？他慢悠悠地在屋子裡穿上鞋，開開心心地走了出來。

張先生就是這麼一個慢郎中，他一輩子可能很少會有情緒波動。但有一天，他竟然憤怒了，還打了自己女婿一巴掌。事情是這樣的：他的女兒懷孕了，在家裡養胎，他燉好了雞湯送給女兒。剛走到樓下，就發現女婿十分曖昧地摟著一個年輕的女子。他瞬間就火了，扔掉雞湯，上去就給了女婿一巴掌。

情緒爆發的幾種誘因

雖然張先生的神經系統不靈敏，但周圍人做事過分時他還是會爆發情緒的。這說明了外界的影響是誘發情緒爆發的最主要原因。

爆發情緒是多種感覺、思想和行為綜合產生的心理狀態，而這跟人的認知方式有很大連繫。認知方式是一個人在感知、記憶與思維的過程中所持有的穩定方式。個體對於事件的認知方式不同會影響個體對於事件的情緒反應。

認知風格有獨立性和依存性之分，這就涉及情緒爆發的第二種誘因：自身生理原因。心理學研究發現，在面對失敗場景時，依存性認知方式的個體，其憂鬱、焦慮水準比獨立性認知方式的個體要高。這是因為獨立性的個體是自我取向的，他們很少利用外部條件來感受自己，所以會有更多的獨立性，很少受外界的影響。依賴性個體對外界的變化非常敏感，對周圍的環境依賴性很強，更加在意他人的反應，對負性事件的反應就會更強。所以依賴性個體情緒爆發的頻率更高，獨立性個體情緒爆發的頻率會低一些。

可見，情緒爆發的兩種誘因分別是外界環境的刺激和自身生理條件。所以提高自身的獨立性，降低對外界環境的依賴性，對於抑制情緒爆發有重要意義。

Part5　情緒調節：趕走負面情緒，預防心理焦慮症

應對情緒爆發的策略

著名心理學家亞伯拉罕‧馬斯洛（Abraham Maslow）認為，個人健康需要滿足生活理想與現實符合、擁有足夠的自我安全感、對人際關係有著良好的感受等條件。隨後，在1989年，世界衛生組織正式給出了「健康」一詞的定義：健康不僅指沒有疾病，同時還包括了身體的健康、心理的健康與良好的社會適應性和道德上的健康四大方面。個人情緒是否健康，是衡量個人身心健康的重要環節，所以，當你被負面情緒所控制，經常處於情緒爆發狀態下時，你的身心健康便難以得到保證了。

在遙遠的非洲，一群自由而又強壯的野馬正在肆意地馳騁著。在悄然無息間，一隻蝙蝠攀附在了一匹野馬的腿上，牠使用尖利的牙齒將野馬的皮膚咬破了。當野馬感覺到腿上猛然一痛時，便狂怒地奔跑起來，並不斷地跳躍著，期望可以將可惡的蝙蝠甩掉。但是，蝙蝠卻一直死死地咬著野馬腿不肯鬆口，整個奔跑的過程中，蝙蝠一直在吸血，而野馬的血也越流越多。

蝙蝠一直在野馬的身上待到吸飽血液，之後，牠才心滿意足地離開。而可憐的野馬卻因為過度激動，令全身血液流

動不斷加速，並最終在暴怒中讓自己由於流血過多而死亡。

在對兩種動物進行研究之後，動物學家們發現，這是一種生性嗜血的蝙蝠，牠是草原野馬的天敵，但是，這種蝙蝠的身軀極小，其吸血量也非常小，根本不足以將野馬置於死地。真正讓野馬走向死亡的，其實是牠的憤怒。

你是否在為野馬的遭遇而嘆息？但事實上，這樣的情況很有可能同樣發生在你的身上。現代心理學認為，人類有九種基本的情緒：愉快、興趣、驚訝、悲傷、厭惡、憤怒、恐懼、輕視與羞愧。愉快與興趣是正面的，驚訝屬於中性情緒，而剩餘的六類情緒都是負面的。這一事實預示著：人類受負面情緒控制的機率更大。

由於負面情緒占據了絕大多數，因此人往往會在不知不覺的狀態下進入不良情緒中。當你面臨負面情緒的時候，若不懂得及時緩解，此類情緒便會形成持久的困擾，令你無法完全地展示自我，而且，所有的這些負面情緒都有可能導致各類精神疾病與生理疾病——這也意味著，若你一直處於負面情緒爆發的狀態中，那麼，毫無疑問，你感受愉快與興趣這樣的正面情緒的機會將會相應減少，而且，你還有可能會面臨可怕的「野馬結局」。

情緒本身擁有兩面性：好的情緒將會令你產生積極向上的力量，令你沉著、冷靜，締造出和諧的氣氛；而負面情緒

Part5　情緒調節：趕走負面情緒，預防心理焦慮症

則總是會讓你陷入痛苦之中無法自拔。為了讓自己保持健康，我們應該盡量讓自己遠離情緒爆發時刻，讓自己多處於積極的情緒中，並從正面情緒中受益。

生活的本質在於追求快樂，而讓自己的人生變得快樂的途徑有兩種：不斷地發現有限生命中的快樂時光，並增加它；發現那些令自己不快樂的時光，並盡量減少它。哈佛心理專家尚‧皮亞傑（Jean Piaget）提出，雖然對於我們而言，要求自己完全自如控制負面情緒的爆發是一件非常困難的事情，但是，我們應該學會讓自己努力地去嘗試：

將情緒能量發洩出去

當你悲傷、過度痛苦時，你不妨大哭一場，讓自己內心的痛苦得以宣洩；當你發怒時，你應該趕快離開令你發怒的人與事，找其他的事情去做一下，讓自己由於盛怒而被激發的能量進一步釋放出來，從而讓自己的心情變得平靜起來。當然，過度的興奮對身體同樣無益，讓自己多笑，來釋放由於興奮而積聚的能量，也是保障個人機體能量處於平衡的不錯方法。

理智地消解不良情緒

想要令不良情緒消失，你首先要承認不良情緒的存在；再者，你需要具體分析這些不良情緒是如何產生，並弄清楚為什麼自己會苦惱、會憤怒、會憂愁，這樣的思考會讓你進一步弄清楚你在為什麼而苦惱、憤怒、憂愁，並能讓你確

定,這些事與物是否值得你如此惱怒。有時候,你會發現,它們並不值得自己這樣大動肝火,那麼,不良的情緒自然會消解;但是,有時候一些事情的確會令人勃然大怒,那麼,你便需要尋找適當的方法與途徑來解決它。比如,你因為自己沒有能力做好某項工作而憤怒,你便應積極地進行自我能力的提升,讓自己集中精力,將憂慮減輕,並不斷地獲得新的認知,直到你可以輕鬆地將事情做好為止。

將不良情緒遺忘或者轉移

　　一般情緒下,能夠對自我情緒產生強烈刺激的事情往往都與自我利益有著直接的關係,想要直接將這種連繫遺忘並不是一件簡單的事情,但是,你完全可以透過積極的轉移,讓自己的思維往更有意義的方向靠攏以達到情緒調整。你可以去幫助他人,可以與朋友聊天,還可以找有益的書來閱讀。想要使自己的心思有所寄託,你便不能讓自己處於精神空虛、心理空曠的狀態。而那些凡是在不良情緒產生時,迅速地將精力轉移到其他方面的人,不良情緒也往往只會在他的身上存留極短的時間。

採用必要的方法

　　自我鼓勵法。你可以選擇明智的思想和生活中公認的哲理來安慰自己,鼓勵自己與逆境、痛苦鬥爭,這樣的方法會讓你迅速感受到新的力量,並能幫助你在痛苦中振作起來。

Part5　情緒調節：趕走負面情緒，預防心理焦慮症

語言暗示法。當你被不良情緒控制時，你可以透過「發怒只會傷害自己」一類的語言暗示，來使自我心理緊張得到有效的調整與放鬆，使不良情緒獲得緩解。在專心、平靜的情況下進行自我暗示，往往會對情緒好轉大有益處。

請他人引導。若你無法獨自應對不良情緒，你可以藉助他人的疏導，主動向可以依賴的人傾訴，聽取對方的意見，對擺脫不良情緒有極大的幫助。

沒有人可以一直生活在好情緒之中，既然挫折與煩惱是生活的常態，那麼消極的情緒也必然會出現。一個心理成熟的人，並不是一個沒有消極情緒的人，而是一個善於調節與控制自我負面情緒的人。採用各種措施，幫助自己盡量發掘出正面能量，讓自己在毅力與積極心態的幫助下遠離情緒爆發的時刻，是每個人都應該學會的技能。

純粹的悲觀主義者

有一位 60 歲的王阿姨,一年前,她的老伴在洗手間裡面自殺身亡。自老伴去世之後,王阿姨就開始鬱鬱寡歡,睡眠品質很差,每天都無精打采,原本個性開朗、做事俐落的老太太逐漸變得沒有心力去帶孫子,家事也做不了。與之相伴的還有食慾下降,心情與態度變得越來越差,她整天躺在床上,生活中再也找不到可以使自己快樂的理由,在她的視野裡天空也從藍色變成了灰色。

因為生無可戀,王阿姨幾次想自殺去陪老伴,都被兒子及時救下。可送王阿姨去醫院仔細檢查後,醫生卻說臨床上並沒有發現王阿姨患上什麼重大疾病,也不能解釋到底是什麼原因導致王阿姨會出現這些症狀。這時,王阿姨的兒子突然醒悟過來,父親去世前的幾年,也一直是這種鬱鬱寡歡的狀態。他終於意識到,父親和母親可能都患上了某種心理疾病。

不出所料,去心理診所檢查後發現,王阿姨是一位純粹悲觀主義者,也是輕微憂鬱症患者,也正是她的悲觀主義導致了憂鬱症的出現。兒子非常後悔,如果當初早早發現父親的心理疾病並及時治療的話,可能父親就不會選擇自殺了。

Part5　情緒調節：趕走負面情緒，預防心理焦慮症

其實每個人都有悲觀情緒，這是由事物的相對性決定的。假如沒有悲觀，那麼何來樂觀？每個人的情緒都會存在波動，否則就如同一潭死水般毫無生機。這其中的關鍵是在於如何正確對待和利用這種波動。

心理學界普遍認為，悲觀是一種因自我感覺失調而產生的不安情緒，表現為心理上的自我指責、安全感缺失和對預期的負性思維方式，其本身是內省的、精神層面的、能夠直接影響到器官層面的消極心理，表現為狂躁、憂鬱、心跳加快、氣喘不接或精神衰弱、精神恍惚等，並且在群體層面上，悲觀情緒具有非常大的傳染性，尤其是在相對不大的群體中。

悲觀主義是一種與樂觀主義相對立的消極人生觀、價值觀。悲觀主義者認為，惡是統治世界的決定力量，人生注定要遭受災難和苦惱，善意毫無意義，道德的價值只在於消除欲望。悲觀主義表現為行為意志相對脆弱，內心本質卻含有一定的意志力和爭勝心，在內向的壓力下與悲觀感產生了更激烈的衝突，這樣的個體通俗地說叫作「死腦筋」，他們往往陷入一種思維很難自拔。

純粹悲觀主義者的特徵更加明顯。

1. 純粹的悲觀主義者既不相信自己有足夠的能力來承受和減弱負向價值對自己所產生的不良影響，也不相信自己能夠使正向價值發揮更大的積極效應。

2. 純粹的悲觀主義者認為負向價值對於自己的影響將是巨大的，而正向價值對於自己的積極效果是非常有限的。他們只關心事物的負面價值，並把逃避最大的負向價值作為其行為方案的選擇標準。

3. 純粹的悲觀主義者更容易看到事物壞的一面，不容易看到事物好的一面，對於效應反應遲鈍，對於虧損反應敏感，其行為決策總是遵循小中取大的價值選擇原則，總是一味地逃避問題，不去解決問題，反而製造了更多更複雜的問題。

4. 純粹的悲觀主義者的注意力跟正常人有極大的差別，常常因為注意力崩潰而犯錯，從而陷入更深的自責之中；人際關係也常陷於恐懼心理之中，對於非自己的錯誤，甚至原本與自己無關的事也會無端地自責，誠懇到讓人害怕。

由此應該能了解到，純粹悲觀主義是人生理論的又一種形式。著名悲觀主義心理學家阿圖爾・叔本華（Arthur Schopenhauer）認為：「人生如同上好調的鐘，會盲目地走，一切皆聽命於生存意志的擺布，追求人生目的和價值是毫無意義的。人的生存就是一場苦痛的鬥爭，生命的每一秒鐘都在為抵抗死亡而抗爭，而這是一種注定會失敗的抗爭。」

悲觀主義也好，樂觀主義也好，其核心是在於觀察生活的視角。觀察的視角不同，看待事物的觀點與態度也就不

Part5　情緒調節：趕走負面情緒，預防心理焦慮症

同。悲觀主義的人認為世界是灰色的，樂觀主義的人卻認為世界是彩色的。雖然無所謂對錯，但成為一個樂觀積極的人總是好的，你的人生會有無限樂趣。如果你還不能做到控制自己的悲觀情緒，但至少要求自己不要成為一個純粹悲觀主義者。當你發現身邊有純粹悲觀主義者的話，要及時帶他治療，這會給他的人生帶來重大幫助。

憂鬱與亢奮等過度反應

　　16歲的安妮剛上高一，她喜歡用「靜若處子，動若脫兔」來形容自己。不過她的同學甚至家人都覺得，安妮動起來的時候實在太瘋狂了，經常大吵大鬧甚至嚎啕大哭。可靜的時候呢？她竟然會用削鉛筆的小刀在自己的手腕上劃出傷口，嚇得父母連夜帶她去醫院。

　　安妮母親說：「安妮以前很懂事的，成績也不錯，今年突然就轉性，成績一落千丈，還動不動就發脾氣，被說兩句就鬧著離家出走。我們夫妻倆平時工作忙，為的還不是她？她倒好，什麼該做的不該做的全做了。之前也找機會跟她好好談過，可每次找她談完後，她都拿著小刀在自己的手腕上比劃，嚇得我現在一句話也不敢說。」

　　學校的輔導老師認為安妮只是青春期的叛逆行為，可安妮媽媽覺得青春期的叛逆行為也不至於到自殘這種程度，所以帶她去看了身心科醫生。醫生表示：「這不是簡單的青春期叛逆，而是典型的『雙相情緒障礙症』，一種發生率不低但辨識率很低的心理疾病。」

　　在這裡要特別提醒家長們，如果發現自己的孩子經常出現過度的情緒反應，例如厭世、憂鬱、亢奮等等，要及時向

Part5　情緒調節：趕走負面情緒，預防心理焦慮症

專業醫生諮詢，防止因為不能及時治療帶來更大的傷害。

在心理學上，情緒反應指人在喜、怒、悲、恐時所作出的下意識行為，是植物性神經系統的本能反應。所有人都會有情緒反應，但經常出現憂鬱、亢奮等過度的情緒反應卻是不正常的。

憂鬱是指人的心理意識處於低下狀態，表現為對事物非常不感興趣，對學習上進心不足，對前途悲觀失望，對困難的耐受力和抗衡力下降等。憂鬱有兩種類型：一種是由於精神上受到打擊而出現的過度反應；另一種是沒有受到打擊就直接出現的過度反應。情緒亢奮則表現為精力旺盛、自傲、膽大、霸道等，往往忽視客觀條件的允許度和社會道德的約束力而幹出一些令人膽顫心驚的蠢事。

心理學家茱蒂絲・席格爾（Judith Siegel）在《情緒超載》（*Stop Overreacting*）一書中介紹了情緒反應的產生機製：「人類的左腦主管思想，右腦主管情緒，杏仁核提供能量，大腦的各個部分分工合作、過濾訊息，才能幫助人類做出選擇。而做出最佳選擇需要大腦花費更多的時間與能量，所以在特定的情況下，訊息會跳過左腦，直接進入右腦，馬上做出戰鬥或逃跑的準備，但這樣很可能會因為訊息的不充分而無法實施最正確的行動。」

當出現憂鬱與亢奮等過度反應時，應該如何去克服呢？我們需要掌握以下幾種方法：

了解自己的個性

透過個性測試,準確了解自己的個性,了解真實的「本我」。發現自己的優勢和潛能,從事順應自己本性、適合自己個性的職業。

平常心對待

許多人在一生中都會有情緒反應過度的時候,就像人們都會得感冒一樣,經過一段時間就會康復。即使察覺出情況正變得越來越嚴重,那也只是像感冒加重了一樣,不需要過分擔憂。人生不如意事十之八九,失意不可能避免,憂鬱情緒隨時會發生,萬事如意也只是一種美好的願望和祝福,所以要常保持一份好心情。

參與活動

有計劃地做些能夠獲得快樂和自信的活動,並每天安排一段時間運動。要多交朋友,把自己置於集體中,從豐富多彩的集體活動中尋求溫暖和友誼。不要整天把自己關在家裡,想些不愉快的事,要學會把自己不愉快的事向朋友、老師、家裡人訴說,發發牢騷,把苦水倒出去,從宣洩中得到解脫。

培養良好的人格

一個人應對精神刺激的方式與他的人格特點密切相關。如果一個人有良好的人格,面對精神刺激時會積極尋求外界

Part5　情緒調節：趕走負面情緒，預防心理焦慮症

幫助，增強自信心，提高處理複雜問題的實際能力，避免外界刺激對自己造成身心損害。

透過學習這些方法，我們會發現憂鬱和亢奮等過度反應並不可怕，完全有辦法應對。用微笑面對生活，保持一顆平常心，未來的美好生活會非常值得期待；遇到不愉快的事，要多從積極的方面想，保持豁達的情懷；學會直率、坦誠，不要過分自責、自卑、自憐；不要與人攀比，不要有過高的奢望，合理調節自己的期望值，常常保持樂觀情緒。

情緒調節的吸引力法則

一位哲人曾說過,「只有學會忘記苦難和不愉快,才能成為最幸福的人」,這句話頗有哲理。為了使自己不被擔憂、恐懼、憂鬱等負面情緒所左右,人們應該學會不讓生活中一些不愉快的事情改變你現有的美好心情,學會忘記它們。

有一名洛杉磯的電視製作人,60多歲,有著超常的記憶力。他能夠記住5歲以來幾乎每個生日的細節,過去40年來度過的每個新年前夜,1971年以來歷屆奧斯卡獎的主要得主,甚至是某天某場橄欖球比賽的得分等等。

這樣超常的記憶力是每個人所羨慕的,但是,任何事情都是一柄雙刃劍,有其正向的一面,也有其負向的一面。他的超常記憶帶給他不少煩惱,因為他在記住過去的美好瞬間的同時,也難以忘記那些令他痛苦和難過的傷心事。這給他帶來了無盡的苦惱。

澳洲製片人和作家朗達·拜恩(Rhonda Byrne)寫的《祕密》(*The Secret*)一書中提到過一個很重要的人生哲理,那就是「吸引力法則」。按照拜恩的觀點,思想是有磁性的,它有著某種頻率。如果你想的是一件愉快的事情,在你生活中的那些愉快的經歷就會翩翩起舞向你飛來。

Part5　情緒調節：趕走負面情緒，預防心理焦慮症

然而，當你在與一件不愉快的經歷糾纏不休的時候，你生活中那些曾經發生過的不愉快經歷和感受就會蜂擁而至，像潮水一樣向你撲來，你的記憶彷彿變成了一個吸鐵石，所有消極的感覺就會被吸引過來。

生活中，如果你為一件事情感到高興，吸引力法則就會將所有讓你感到高興的事吸引過來，使你感到心情無比輕鬆；反過來，如果你不斷抱怨，吸引力法則就會給你帶來所有讓你抱怨的狀況，讓你在相當長的一段時間內情緒低落。

拜恩的《祕密》還告訴我們，當你感覺到不愉快時，就是因為在長時間地思考那些不愉快的事。從這個意義上來說，我們的任務就是不能讓那些不愉快的感受長期占據著我們的思想，也不能讓生活中的一點點挫折就抹殺我們愉快的心情。

已經發生的，就讓它過去吧，別再為那些傷心事煩惱、哀怨，你才能打起精神，繼續下一步的行動，讓生命裡多一些陽光。

我們可以用許多積極的辦法，去改變消極的情緒。比如說，當我們感到沮喪的時候，我們可以唱唱歌，欣賞美妙的音樂，出門運動，與朋友聊天，與心愛的人在一起，或是憧憬未來，回憶美麗的往事……總之，要用自己所擁有的愛好和朋友來轉移注意力，把不愉快的思想和情緒通通趕走，只保留那些美好的感覺。

ACT 原則的應用

　　曾有學生問情緒管理專家約翰‧辛德勒:「我知道生氣時應該要離開現場,但每一次生氣時,我就是不願離開現場,非要杵在那裡與對方爭論出個你死我活不可。」

　　辛德勒先生問他:「這樣做對你有什麼好處?」

　　學生說:「至少我吵贏了。」

　　「你贏了對你有什麼好處?」

　　學生瞠目結舌答不出來。

　　「你只會讓自己的心血管受損,傷了身體,卻毫無益處。」

　　當然,辛德勒先生所說的「不爭吵」並不是「壓抑怒氣」。長久以來,人們都誤將「壓抑怒氣」視為「管理怒氣」,事實上,兩者之間存在天壤之別。約翰先生指出,忍著不生氣,或許心中的憤怒一時之間不會外顯,但是,選擇壓抑,其實就等同於放棄採取行動來改善自己的處境。反之,怒氣管理其實就是管理好怒氣的產生與表達方式,轉換怒氣損人傷己的特質,才能讓自己在人際關係、溝通談判上不至於落入雙輸的局面。

　　不管是管理什麼,管理的共同特質都是「解決問題」。以「ACT 原則」作為解決情緒問題的三大步驟,可以避免在面臨情緒問題時不知所措。

Part5　情緒調節：趕走負面情緒，預防心理焦慮症

分析現狀（Analyze your situation）

分析現狀有助於釐清脈絡、結構與因果。你的怒氣是為什麼而生的？它是在什麼情況下被引爆的？找到怒氣的源頭，檢視自己的怒氣，並反思一下：是不是我想多了，或者誤會了？通常情況下，怒氣達到最高點後，就會開始消散，不會存在太久；但是，若你不去分析現狀，而只是一味地胡思亂想，總是感覺對方針對你、與你作對的話，你就有可能糾纏在無止境的怒氣之中。

將執念放在怒氣上，就如同把火柴與稻草一起交給不聽話的小孩，使憤怒如同野火燎原一般燒不盡。但只要你停止亂想，或者轉一個念頭，怒氣便有可能漸漸消散，進而化為前進的力量。

選擇最佳策略（Choose the best strategy）

因為每個人的處境不同，在多個選項中，對你最有用的其實只有少數的幾個，因此，不妨自行評估，同時以評分的方式選擇出最佳的策略。如果這個選擇對於其他人影響重大的話，你更應發揮同理心，設身處地為他人著想。

所以，請思考以下問題，以找出最佳選項：

我的部下如何看待這種狀況？為什麼他們有這樣的感受？

如果換成是我，必須遵照這些指令行事，我的感受如何？

我的部下能否正確解讀我所說的話？

老闆或直屬主管對我有何期待？為什麼？

追蹤你的選擇（Track your choice）

已故的著名美國經濟學家羅伯特・莫頓（Robert Merton）曾提出了「始料未及定律」（law of unintended consequences），意指某個方案看似可以解決眼前的問題，卻有可能引發意料以外的惡果。就如同政府為了保護少數人群而推出新政一般，往往會適得其反；或是高層管理者基於培養接班人的考量，破格提攜後進者，卻往往引發偏私的爭議。

因此，即使步驟二選擇最佳策略找到了可能解決你情緒的辦法，但你依然需要步驟三來監控之前選擇的執行程式，並且掌握自己的選擇有可能引發的潛在危險，在必要時調整策略，隨機應變。

在應用「ACT 原則」時，首先要注意將目標放在「行動」上。比如因為你所帶領的團隊表現不佳、考核成績過差遭到老闆訓斥，如果你一直困在情緒裡面出不來，反駁說：「你怎麼可以這樣對我？」老闆生氣地回道：「你知道別人是怎麼看你嗎？」如此彼此攻擊對方，然後失控至拍桌，很可能會導致你丟了工作。

但如果將情緒擺在一邊，將重點放在「行動」上：「我可以做些什麼來改善他提出的這些問題？」、「我怎樣做，才能

Part5　情緒調節：趕走負面情緒，預防心理焦慮症

讓他對我和我的團隊的看法有所改觀？」因此而加倍努力，最後，讓老闆刮目相看，得到重視。所以，與其為了無法改變的事情壞了情緒，倒不如專心迎向未來的事情。

其次，要將最重要的事情排在第一位。你最重視的價值，往往會影響你的情緒選擇。因此，在面臨情緒崩潰時，不如思考一下自己所面臨的選擇：「哪個選擇可以幫助我實現自我使命？哪種行為最符合我的原則與價值觀？」

多花費一些時間去管理好自己的負面情緒，找出憤怒的因子，解開心結，進而操控它、利用它，讓自己脫離意氣用事、怒而失言的窘境，改變不愉快的時刻，轉而以正向、積極的心態，化解令人生氣的人或事，方可有效解決問題。

不要在非理性狀態下進行情緒推理

琳達一直要求自己要不斷地努力、再努力。但是,大多數情況下,她並不知道自己為什麼要這樣做。後來,她靜心想了一下:這可能是因為自己從小就被灌輸了這樣的想法,即事事都要比他人做得更好 —— 要努力讓所有的人都滿意。

不管這樣的想法是否合理,伴隨著琳達已經過去的人生,這種想法一直在她的腦子裡。她曾經一天到晚不停地工作,也不覺得自己有什麼特別的。可是,這麼多年一直做「拚命三郎」,她有些受不了了。這些天,因為工作與生活的壓力非常沉重,琳達感覺緊張而疲憊不堪。

一般來說,人們總是會有很多非理性的思維。如果你總是不願意拒絕他人的無理要求,或者總是工作過分努力的話,你可能就處於這種情況。比如說,你可能有過下述想法或者類似的想法。

- 我必須弄清楚,周圍的每一個人是否都喜歡我!
- 如果我一週工作少於 50 小時,那麼,老闆與同事就會認為我不夠努力。
- 要是大家認為我的動作慢,就糟糕透了!
- 我一定要分秒不停,保持緊張與忙碌的狀態!

Part5　情緒調節：趕走負面情緒，預防心理焦慮症

- 我不能讓自己有空閒的時間，那樣會惹來非議！
- 我只有付出百分之百，我的孩子們才會愛我。
- 我們的產品只有更大、更新才能被消費者們所接受。

這些想法以及其他無數種錯誤的想法往往會被稱為無意義的思維或是非理性思維。這些扭曲的、與現實不符的想法會阻礙你實現自己的目標，它們也經不起理智的思考。比如，「我一定要得到他人的認可」這種想法就不符合邏輯，因為沒有誰可以保證你總是受到他人的欣賞，而且，也沒有證據表明，你這樣想了且這樣做了，就一定能夠得到普遍的欣賞——有人欣賞固然是一件好事，但它絕非是生存的第一需求。

非理性想法也會使你更緊張、更焦慮，它也會影響你輕鬆享受生活的能力。更重要的是，這些想法還會引發憂鬱、憤怒、羞愧或內疚等各種消極的情感，並導致一些破壞性的行為，比如，過分狂熱地迷戀工作，一味地迴避社交活動，對他人充滿敵意，酗酒成性等。

與此相反的是，合乎理性的想法卻可以幫助你達到預期設定的目標，它不僅符合邏輯，而且經得起推敲。它會激發人產生興奮、好奇、熱情、幸福、快樂等積極的情感，而且還可以幫助人們做出更有建設性的行為，比如，常常反思自我、做事從容，可以承擔令人不快的瑣碎小事、勇敢地面對難以避免的衝突、不畏懼被人拒絕等。

心理學家亞伯・艾里斯（Albert Ellis）認為，人們之所以產生非理性的認知，一般都是因為對自己有極端的要求。這種極端的要求，就證明了個人思維中的非理性部分。在經濟學中，最著名的假設之一就是「理性人」，即將人的決策行為看成是遵循理性、遵循效用最大化的。然而，現實生活中「非理性」的決策實在太多了。

「在美麗的倫敦大街上逛了一天，欣賞完美景後，珂爾發現自己的錢包丟了……」心理研究證實，絕大多數人在讀到這一句子時，腦海中會浮現出「盜竊」這個詞，並認為，這個詞與句子的關聯程度要遠大於「美景」。而容易被人忽視的是，丟錢包的原因多種多樣，但是，當句子裡出現了「擁擠的大街」時，人們卻不約而同地把丟失原因指向了「盜竊」，憑空地臆造了兩者之間的因果關係──這正是非理性狀態下的情緒推理。

強烈的情緒或者感情，會誘使我們從某種角度思考問題，雖然我們知道是非理性的。但問題在於，我們並沒有努力用自己的理智戰勝情感。在情緒的強大作用下，我們常常會認為「我感覺是這樣的」、「我的感覺一定是正確的」。

因此，作為一條原則，你需要記住：在憂鬱的時候，你不要過分相信自己的感覺，尤其是當你對自己挑剔、苛責的時候。

面對那種「我感覺是這樣，我的感覺一定是正確的」的思

Part5　情緒調節：趕走負面情緒，預防心理焦慮症

維觀念，你必須要認清這樣的事實：不管你感覺自己失敗、愚蠢或是其他的什麼，這些都不會變成現實。感覺並不能夠反映現實。

你可以透過以下的自我暗示向這類情緒推理提出質疑與挑戰：

我或許犯下了錯誤，甚至表現得非常愚蠢，但是，這並不會令我真的變愚蠢。不管此時此刻我的感覺如何，我始終是一個具有各種潛能與可能性的個性，因此，我不能輕易被評判。我可以學習變成不同的樣子。或許，我現在認為自己永遠不可能成功，但這畢竟不是事實；或許我感覺自己將永遠也無法停止哭泣，但是，不管多麼傷心的事情，終有過去的一天，哭泣是受到了傷害、需要醫治的表現，但不能代表我是脆弱的、愚蠢的。

在某些情況下，感覺的確非常有價值。事實上，它賦予生命以活力。但是，當我們使用情感代替理性思維來處理事情時，往往容易犯下錯誤，因為我們的情感缺乏精確性與現實性。

因此，你需要考慮的是，如何才能用你的理性來挑戰那些不恰當的思維與觀念——當然，這並不意味著你不能依靠直覺，而是說，你需要進一步尋找證據來證明你的直覺。

迅速有效的情緒調節法

調整情緒、提高情商是一個漫長的改造過程,可是我們的情緒卻不會慢條斯理、心平氣和地到來。它總是那麼疾風驟雨、排山倒海,打得我們措手不及。面對這種情況,我們應該怎麼處理才能不讓它造成惡劣的影響呢?也許你可以嘗試以下方法:

深呼吸法

這主要是針對情緒突然緊張的人而言的,當你感到極度緊張時,你需要立刻找一個比較安靜的地方,閉起眼睛,全身放鬆地站著深呼吸,同時默數「1、2、3」,吸氣要深、滿,吐氣要慢、勻,緊張的情緒就會得到一定緩解。

扮怪臉法

如果你的身邊有鏡子或者其他反光體,那就不妨對著它扮幾個鬼臉:歪嘴扭唇、抬鼻斜眼都可以。一方面可以放鬆面部肌肉,另一方面可以轉移自己的注意力。

精神勝利法

這是阿 Q 慣用的伎倆,目的就是為了尋找一種心理平衡,但它對情緒受到影響的人會有一定的幫助。你要告訴自

己:「我平時就是最優秀的,如果我都不行,那麼別人肯定也不行。」

臨場活動法

科學研究顯示,緊張的情緒會使人體內產生大量的熱能,而原地走動、小跑、搖擺、踢腿等活動則可以釋放負面情緒產生的熱量,緩解負面情緒。

閉目養神法

閉目,盡量讓自己的大腦停止轉動,舌抵上顎,經鼻吸氣,安定神情。

凝視法

一直觀察某個物體,細心分析、思索它的顏色、形狀等,這樣可以將注意力從讓我們情緒消極的事情上轉移開。

消遣法

誇張、逗趣的漫畫,悠揚的音樂,讓人爆笑的影視作品都可以使人心情愉悅、情緒高漲,重新占據優越感,恢復自信心。

自我暗示法

自己告訴自己「我準備得很充分,一定可以成功」、「緊張和擔心都是無謂的,毫無意義」等。

類比法

觀察周圍人的狀態，從情緒不好的人身上尋找心理平衡，從情緒好的人身上感受好情緒。

聯想法

回想那些自己曾經取得的成功，想想令人愜意的景象，比如：藍天、白雲、微風、流水等。

系統脫敏法

將自己想要達到的效果、害怕承受的後果一一列在白紙上，然後將它們按照程度高低排序，接著從程度最低的開始，對害怕的後果，告訴自己「即使那樣，天也不會塌」；對自己期望達到的，告訴自己「即使不能，像現在這樣也不差」。

對於負面情緒，我們應該靈活調整，有時候，要速戰速決，找到負面情緒的根源事件，透過解決事情來解決情緒問題；有時候，我們要稍作迴避，將注意力轉移到正向的一面，等情緒有一定好轉後再處理；有時候，要「以柔克剛、四兩撥千斤」……

當我們不斷利用各式各樣的技巧來管理自己的情緒時，我們對自己的認知程度就一步步提高了，同時，情商也會隨之提高。

Part5　情緒調節：趕走負面情緒，預防心理焦慮症

Part6
情緒轉移：
學會轉移情緒，幫心理降溫

> 喜、怒、憂、思、悲、恐、驚，乃是人之常情。但是，碰上心緒糟糕、狀態不好的時候，做什麼事都會毫無頭緒。這時候，你要善於轉移情緒，透過心理疏導保持一份良好的心境。掌握了這種「移情大法」，你才能變得更成熟，減少挫折感。

Part6　情緒轉移：學會轉移情緒，幫心理降溫

做有成就感的工作

何先生是一家策劃公司的經理，他看起來精力充沛，總是充滿熱情地去完成工作。其實他的工作並不輕鬆，三天兩頭便要出差，旅途匆匆也令他疲憊不堪。他偶爾會抱怨工作的辛苦，但是他更樂於享受完成工作時所帶來的快樂。他說：「工作確實很辛苦，但如果工作太平淡的話，我同樣也會抱怨。與工作給我帶來的滿足感和成就感相比，這點辛苦真的不算什麼。」

在這個充滿競爭的時代，人們需要工作來養家餬口，也需要透過工作來獲得歸屬感與社會的認同。也有很多人單純把工作當作一種謀生的方式，感覺就是為了生活才去工作。其實工作是一種客觀存在的事物，它就像是一件「衣服」，當穿上這件「衣服」感覺到幸福與滿足時，它才真正展現出價值。

所謂的成就感，就是心中的願望和眼前的現實達到平衡時，所產生的一種心理感受。丹尼斯‧魏特利（Denis Waitley）在《成功心理學》（*Psychology of Success*）一書中寫道：「你不必為了尋找成就感的答案而擔憂，唯一的答案是，尋找一份忠於你自己的、真實的，並由反思和批判性思考所支持的

答案。而當你真正找到了成就感的答案時，你就已經成功了一半。」這也向大家說明了一個道理：如果發現從事的工作不能給自己帶來滿足感和成就感，要果斷跳槽，去尋找一份能讓自己真正快樂的工作，這並非難事。

李先生是一位財務工作者，財務工作十分辛苦，他每月2日必須上交會計報表，會計報表上交後的那幾天，也總是會提心吊膽，最怕接聽到這樣的電話：「你上交的報表中數據有誤。」

一旦發現錯誤，不僅當事人要被部門經濟處罰，而且會影響到整個部門的聲譽。每月要出的報表雖然表面看起來是「年年歲歲花相似」，但由於經營策略的複雜多變，業務種類的形形色色，他想要完成一份完完全全沒有紕漏的報表是件極其困難的事。面對這樣沉重的工作壓力，李先生不堪重負，最終患上了憂鬱症。

在接受任何新工作時，都需要考慮一下擔任該項工作所需承受的壓力，並依據自己的實際能力逐漸增加每天的工作量，由簡單到複雜，逐漸增加自己的成就感。但是如果發現無論自己怎麼做都無法獲得工作中的成就感時，不如盡快辭職，去做一份有成就感的工作。

正向心理學的研究方向是以主觀幸福感為核心的積極心理體驗。成就感也是正向心理學研究的重要部分。正向心理

Part6 情緒轉移：學會轉移情緒，幫心理降溫

學把人的素養和行為納入整個社會系統中考察，發現工作的成就感跟人的幸福感密切相關。人越是在工作中獲得幸福感和成就感，就越是容易在生活中感到幸福。

既然工作中的成就感這麼重要，那麼想要擁有有成就感的工作，應該要怎麼做呢？

研究自己的職業價值觀

知識、冒險、經濟保障、樂趣、競爭、創造力、社會責任……捫心自問：「我真正需要的是什麼？」然後列下自己的職業價值觀清單，並且選擇最重要的一項作為選擇工作的首選。只有明確自己的職業價值觀，才能制定職業目標，才能對將來所從事的職業投入自己的情感，才會擁有工作的成就感。

設定短期目標

對於工作，有些人喜歡這樣設定目標：升上主管職位、賺很多錢、成為業界的名人……其實這些應該屬於人生方向，不是真正的目標。真正合理的目標包括五個特徵：具體、可衡量、可實現、現實、時間限制。比如，關於找工作，可以設定一個短期目標：一個月內在臺北市找到一份月薪不低於五萬元的人力資源工作。然後寫下自己的目標，並且時刻關注著。只有關注了才會留心和目標有關的資訊，才可能完成目標，也只有達成了具體的目標後才會獲得成就感。

不要沉湎於比較

　　對於自己的職業規劃，盡量戒除比較。不管是「向上」比較，還是「向下」比較，都是在以其他人的標準來衡量自己。比較只可能在短時間內讓你感覺良好，從長遠角度考慮的話，反而會錯過自己找到適合工作的時機。與其沉湎於與別人比較的自我幻想中，不如思考自己眼前的切實目標。

克服障礙

　　在擁有一份有成就感的工作之前，不免會出現障礙。比如在找工作的過程中，可能會因為地點、環境、人際關係等因素想要放棄；可能會因為頻頻被拒，內心受挫；可能會因為周圍人的批評和不支持，而懷疑自己當初定下的目標。這些都需要自己不忘初心，一步步想出相應的解決方案，然後將它們一一克服。

　　工作是人生的一個重要的組成部分，它是否能帶領我們走向幸福，的確是一個無法確定的問題。但擁有一份有成就感的工作，卻是每個幸福的人都具備的共同特徵。因為只有從事一份有成就感的工作，才會視壓力為動力，高效地完成各種高難度的任務，才有機會贏得成功的人生。

Part6　情緒轉移：學會轉移情緒，幫心理降溫

轉移注意力的手段

　　專注地想那些糟糕事，會陷入思維沉迷與情緒紊亂狀態，如果你將注意力轉移，原來痛苦的體驗便會被阻隔。情緒的帆船需要自己來為它掌舵，在遇到壞情緒的時候，轉向另一個方面可以避免情緒觸礁，保持好的心情狀態。

　　一天，米爾頓的小兒子羅伯特生氣地回到家，他重重地把門摔上，對爸爸抱怨道：「傑克真是太討厭了，總是喜歡和我唱反調！」米爾頓看著兒子說：「哦，唱反調！聽說了嗎？最近流行唱反調，我想這種唱法不會流行太長時間。」

　　兒子奇怪地看著爸爸問：「爸爸，你居然還關心樂壇流行，我就很喜歡聽搖滾，不過傑克喜歡布蘭妮，他總說我聽的搖滾太吵了！」

　　米爾頓聽兒子這麼一說，就馬上轉身看著兒子說：「親愛的，你晚上會不會被吵醒？我這幾天一直在看午夜的電視節目，希望不要打擾到你休息才好。」

　　羅伯特認真地想了想說：「我確定沒有，因為我都不知道你看的是什麼節目。我睡得很好，放心吧！對了，你都看什麼呢？」這個時候羅伯特的注意力完全被爸爸看的節目吸引過去了，把自己和傑克吵架的事情徹底忘記了，於是他們開

始討論什麼節目有意思。

吃晚飯的時候，羅伯特假裝生氣地對爸爸說：「你一直都在和我說別的事，我都忘了生傑克的氣了。」

這個時候米爾頓笑著說：「親愛的，這不是很好嗎？我們可以隨時把壞情緒趕跑，不讓壞心情一直困擾著我們。」

這個聰明的爸爸很輕易地就幫助兒子把壞心情給轉移走了。其實情緒只是很短暫的一個過程，但是如果我們總是把注意力放在它身上，那它就會一直盤踞在我們心頭，好心情就自然不會出現了。用成本理論來計算的話，因為壞心情的盤踞已經讓我們很不舒服了，好心情又不能到來，那不是損失更多嗎？

當我們長時間把思維與注意力集中在給自己帶來不良情緒的事情上時，消極因素就會不斷累積，從而使我們鑽入思維與情緒的牛角尖。如果此時能夠想辦法從不良情緒轉移到其他事物、其他活動中去，讓新的思維占據大腦，這種不良情緒就會減弱甚至消失。

轉移注意力是一種非常有效的自我控制法，但是很多人並不真正理解要如何轉移。其實我們可以透過以下幾種途徑轉移注意力：

當出現壞情緒的時候，把注意力轉移到自己感興趣的事情上去。

Part6　情緒轉移：學會轉移情緒，幫心理降溫

例如散步、看電影、看電視、讀書、打球、聊天，這些讓人覺得輕鬆的事情可以在相當程度上轉移你的注意力。它不僅能有效地終止不良刺激的作用，防止不良情緒蔓延，還能夠透過參與新的活動，尤其是自己感興趣的活動達到增強積極情緒的目的。

把注意力轉移到這件事的另一個方面去，即換一個角度看同一件事。

同樣的一句話，在尋找討厭的理由時，這句話就是壞話，沒安好心；在尋找喜歡的理由時，這句話就是好話，肺腑之言。產生如此大差別的根源就在於你的注意力。所以，改變情緒最有效且最簡單的一種方法就是改變我們對這件事的注意力。

透過吟詩來轉移注意力

據說在義大利的不少藥店裡，有的藥盒裡裝的不是藥，而是由心理學家及文學家共同設計選編的詩歌，患者透過大聲吟誦就能緩解疼痛。

數顏色也是一個不錯的轉移注意力的辦法

當你感到怒不可遏的時候，盡快停下手中的事情，獨自找一個沒有人的地方。首先，環顧四周的景物，然後在心裡自言自語：那是一面白色的牆壁、那是一張淺黃色的桌子、那是一把深色的椅子、那是一個綠色的檔案櫃……一直數

十二個,大約數三十秒左右。這種辦法可以把你的注意力從壞情緒中解脫出來,以免你在壞情緒裡越陷越深。

不要為擁擠的交通焦躁,嘗試看看路邊的大樹、小草、行人,也許你會發現更多有趣的事情。沉浸在壞情緒中並不能讓你更好地解決問題,而轉移注意力也許會給你更多的啟發以及用更開闊的視角去看待這個世界。

Part6 情緒轉移：學會轉移情緒，幫心理降溫

迴避痛苦的過往

有個人不知道該如何擺脫心中的苦惱，便向神父訴說。神父告訴他：「不妨試著想辦法解決那件引發痛苦情緒的事情。」

這個人搖搖頭：「我心有餘而力不足，況且有些事情已發生，根本沒有更好的解決方法。」

「那你為什麼不嘗試著去忘掉呢？」

「很多事情都是難以忘記的，我擔心自己做不到。」

「你曾經有過什麼麻煩事，或者發生過什麼讓自己糾結痛苦的事嗎？」

這個人想了想，然後點點頭，開始在記憶中搜尋那些曾經讓自己糾結和痛苦的事，可是他想了很久，卻怎麼也想不出一件具體的事情。於是，神父笑著說：「以前的事情既然可以忘記，現在的事情為什麼就不能夠忘記呢？」

懷舊是一種對過去生活的再體驗，它能讓我們感到歡愉，也能讓我們追悔莫及。美好的追憶當然很甜蜜，但痛苦的回憶則是對自己的折磨。為了提高我們的生活品質、調整和改善精神狀態，我們必須學會忘卻。

哲學家亨利・柏格森（Henri Bergson）說：「腦子的作用不

僅僅是幫助我們記憶，還能幫助我們忘卻。」這句話也是在提醒我們，要善於清理和調整不健康的情緒，不然的話，人可能因為沉浸在一件件痛苦的往事中而不能自拔，背負著沉重的包袱，腳步當然會蹣跚艱難，一個人如果把所有的事情通通記住，也許他會被累死或者發瘋。

醫學實驗表明，一個人如果記憶出現異常，凡是經歷過的事都不會忘記，那麼他每天的活動都會十分混亂。況且，人有旦夕禍福，古往今來，天災人禍，留下了多少傷痕，如果一一記住它們的疼痛，人類早就失去了生存的興趣和勇氣。沒有「忘記」的生存，是痛苦的生存。要活下去，就不能記得太多。忘卻，在某一層次上是值得讚賞推崇的，人類是在忘卻中前進的。

成功學大師戴爾・卡內基（Dale Carnegie）認為，正常的忘卻是人類的生理與心理所必需的。然而，說起來容易做起來難。要忘掉過往並非是件易事，尤其是忘卻悲傷、慘痛、屈辱之類的往事，更不容易辦到。因為，它們是你的痛、你的悔，是劃在你心靈上的一道帶血的痕。不過，假如你不忘卻它們，自己的靈魂就會被它們一點一點地腐蝕，從而變得憎恨、怨恣，甚至會讓自己精神崩潰，陷入瘋狂。既然如此，我們為什麼不能灑脫一些呢？

無論現實多麼殘酷，生活還要繼續，你不能改變環境，更不能修正你的過去，但你能改變心情和記憶，躲進甜蜜痛

Part6　情緒轉移：學會轉移情緒，幫心理降溫

苦的回憶不是一種明智之舉，我們能夠做的，依然是要學會忘卻，記住所有美好的，忘卻該忘卻的痛苦。

人生是一個自然的過程，一個階段有一個階段的使命，若是總用懷舊療傷，就會將今天荒廢。與其這樣，不如順其自然，如莊子所言：「至德人，忘去自己，無心用世；神明的人，忘去立功，無心作為；聖哲人，忘去求名，無心勝人。」人生之路漫長而曲折，你只有不斷上下求索，不斷醒悟，不斷發展，才能有所增進。

忘卻是一種幸福，忘卻是一種境界，忘卻是一種人生的智慧。昨天畢竟過去了，不會再回來，明天無法預知，而需要珍惜的是今天。愛過、痛過、擁有過、失去了，這便是生活。

我們常有意或無意穿過時空隧道，回到過去，審視每一個階段的自己，欣賞著兒時的天真，少年時的輕狂，青年時的瀟灑，中年時的穩重，還有那些縈繞在腦海裡難以抹去的往事。每當此時，痛苦、悲傷、懊惱、失意也都會湧上心頭。

其實，我們不必如此折磨自己，過去雖然是一段難忘的經歷，但它已經難以再現。為此，我們應該給自己一點希望的慰藉。無論怎樣，都要將困擾著我們心靈的那些思緒拋到遠處，並為自己掛上一幅風景優美的山水畫。

有些事情已經過去了，就讓它永遠地過去吧！你不必想起它時，還要悲痛欲絕。不管是戀人、名譽還是青春，既然那些已不屬於你，就讓它們永遠地成為過去吧！你可以把自

迴避痛苦的過往

己當作一個過客，看自己的日子一頁一頁翻開，然後在睏倦時再將它輕輕合上。不要總將過去這本書拿出來讀，即使它帶來的影響是正面的，也會讓你多少有些感傷。

在我們的周圍，有很多人總想用昔日的美好來填補今日的空虛或是遺憾，其實他們錯了。現在的一切不需要過去來修訂，現在和過去都是獨立的。你也無須拿今昔對比，只要向著好的方向去就沒有錯。

多數情況下，人們之所以情願在懷舊的情緒裡沉淪，那是因為沒有把握好愉快的現在。看看你的現在有沒有美好的事情值得你去把握，而過去的事情無法挽回，無法彌補，往事不可追，不要因為活在過去的記憶裡，而失掉了美好的現在。你的往事揮不去，今日事也如過眼雲煙，不久又成為你不能忘記的過去，那樣的人生不快樂，所以你要摒棄過去的不快，只要向前看，前途就會一片光明。與其有那份精力去感傷過去，還不如把更多的熱情投入到新的生活中去，等你創造了更舒適美好的今天時，你會發現不愉快的往事也隨風而去了。

不要讓過往的不愉快再纏繞你，束縛你的思想，你必須把它忘掉，不要讓自己柔弱的內心再次受到摧殘，更不要再使自己陷入痛苦而不能自拔。學會遺忘，讓時間的鑰匙幫記憶的箱子上把鎖吧！不要再留戀於過去的一點一滴，把握住現在才是最重要的。做現在的自己，那才是最快樂的事情！

Part6　情緒轉移：學會轉移情緒，幫心理降溫

換個環境，啟用感官

在與男朋友分手後的幾個月裡，小杜下了班之後不是以淚洗面，就是埋頭於各種肥皂劇或網路遊戲中。她一概迴避朋友的各種聚會，完全忽略親人的關心，沉浸在自己悲傷的世界中無法自拔。她自己也感覺似乎再也回不到過去的生活中了。直到有一天，遠在福建的好友邀請她去參加一個「內觀」活動。她第一次聽說「內觀」這種活動，覺得會很有趣，正好自己也想出去旅遊散散心，便請了假，來到活動所在的古寺。

每日止語、打坐、早起早睡、過午不食、聽開示……她過著晨鐘暮鼓的生活，似乎擺脫了世事的紛擾，心靈也漸漸得到了撫慰。回到城市之後，她感覺失戀的傷痛似乎已經成了前塵往事。她感慨：「到底發生了什麼？竟有這麼神奇的療癒效果！」

且不說「內觀」本身的作用，單說換一種完全不同的生活環境，其實就能啟用感官，會賦予身心全新的能量。從心理能量角度來說，每種環境都有它獨特的「振動頻率」，也具備不同的能量水準。如果生活陷入一種周而復始的循環狀態，一旦發生了負面事件，人就有可能會呈現麻木、低落、枯竭

的狀態。如果能換到一個「振動頻率」完全不同的環境中，就能獲取新環境的能量，從而可以啟用感官、振奮精神。

環境心理學是研究環境與人的心理和行為之間關係的一種社會心理學，也是社會心理學的一個重要的應用研究方向。環境心理學專家深入研究自然環境和社會環境中人的行為，發現自然環境對人類的心理和行為具有非常大的影響。只要略微變動一下人類所處的生活環境，人類日常生活的心理和行為就會發生顯著的變化。而且一個全新的環境會給身處痛苦的人神奇的療癒效果。這就是遼闊的草原沙漠、靜謐的深山古剎對心靈具有撫慰作用的原因。

繁忙的工作中，我們常能聽到有人喊「累」。對於身體的疲憊，也許一段短暫的休息就能恢復活力，精神的壓力則需要更好的釋放，而此時減壓最好的方式就是旅遊。

幾天前，王女士在社群網站中發了一組照片，照片中有獨具匠心的夯土小屋，還有舒適典雅的獨棟樹頂別墅，這些精緻的景色營造出了一種寧靜祥和的氛圍。王女士說：「這是我們不久前剛去玩過的一個地方，在那裡的幾天，我們一家玩得非常開心。那裡不僅有讓我陶醉的優美的景色，也讓我體會到了過上簡單生活的滋味，這將成為我人生中重要的回憶。」

王女士喜歡旅遊，當被問起為什麼喜歡旅遊時，她表示：「換個環境，換種心情，走出一個環境，進入另一個環境，心情愉悅自不必說，還能夠刺激感官，人也必然會有所

Part6　情緒轉移：學會轉移情緒，幫心理降溫

感慨。像住在獨棟樹頂別墅時，整個山谷的美麗景色都盡收眼底，風吹草木動，清水山澗流，一切都是那麼自然與美好。其實除了放鬆之外，常與老公出去旅遊也能增加我們之間的親密感，會讓我的家庭更加的和諧、幸福。」

像王女士一樣，如果感覺心靈疲倦了，不如換個環境，換種生活方式，讓全新的世界撫慰你疲累的心靈。

心理活動不是無源之水、無本之木。人類受到感官刺激之後會形成感覺，而感覺就成了一切心理活動的源頭。在感覺的基礎上，人類有了知覺、思維、記憶、想像等其他一系列認知過程和情緒體驗。

有心理學家認為，追求過分的感官刺激可能會付出嚴重的代價，即使經過抗爭走出困境，也會留下嚴重的心理創傷，並會嚴重影響以後的行為。但適當的感官刺激卻是保持生命活力和增強個體生存能力的必要條件，沒有感官刺激的人生也是無趣的。

行為心理學專家透過研究證明：人類的一些不健康行為是人與環境不相適應的結果。這些不健康的行為往往是透過對特定環境的條件反射習得的。換句話說，在一個特定的環境中，一個人總循環做出一種特別的反應，並且逐漸演變成習慣性行為。其實是這個環境中的刺激物刺激了這種反應的反覆出現，換一個沒有這種刺激物的環境，這種反應習慣就會慢慢消失。

俗話說：「樹挪死，人挪活。」這句話便是針對人的思想、思路、方法、工作職位等條件而言，如果在原來的環境中很難取得突破的話，不妨改變一下自己所處的環境，以前認為不可行的事情往往就變得可行了，以前認為的死路往往就變成了活路。

Part6　情緒轉移：學會轉移情緒，幫心理降溫

找出真正值得花費心力的事情

　　坐在安靜又昏暗的學術報告廳裡，你開始與疲勞拉開了「拉鋸戰」。眼下，你腦袋上方的投影儀正在嗡嗡作響，但是你卻神遊於那些看似精彩的幻燈片之外。臺上那位正在傳道授業、講述精彩內容的教授如同離你十萬八千里一樣，而此時用兩個字來形容你的心情，便是「無聊」。

　　早在 1986 年，美國心理學家諾曼・森德伯爾（Norman Sundberg）便與自己的學生們一起系統化地研究無聊這種情緒。他們透過更科學的方法測試了人們在不同的境況下產生無聊感的傾向性。結果證實，幾乎每一個人在身處重複、單調、壓抑的環境卻無法擺脫（如排隊等候）時，都曾經有過短暫的厭煩情緒，但是，有些人卻頻繁地感覺到無聊。他們需要在生活中尋求更多的刺激，或者因為本身並不具備自娛自樂的能力而閒得無聊；或者找不到生活的意義與目標，對於生存本身產生了厭棄心理。

　　隨後，另一名美國心理學家史蒂文・沃丹洛維奇（Stephen Vodanovich）的研究又證實，常常有無聊感的人罹患焦慮症、憂鬱症以及藥物、酒精成癮的風險更高。他們不僅易被激怒，好鬥，而且缺乏人際交往的技巧，在工作與學習之中

也表現得較差。

無聊感的產生主要可以歸咎於兩個原因：

外部的刺激不足

外部刺激不足，也可以被視為是對新鮮感、興奮感以及變化的渴望不足。由於渴望外部刺激，個性外向的人更容易陷入無聊之中。這是因為性個性外向的人往往會需要持續變化的刺激，才能夠達到最佳的覺醒水準，否則，無聊感便會油然而生。

自身調節能力偏弱

雖然個性內向的人通常情況下會需要更多的外部刺激，但是，他們的自我調節能力卻各不相同。相比於沒有太多興趣愛好的人，那些愛好廣泛且富有創造力的人更不容易陷入無聊的泥淖之中。

事實上，如果內心世界不充實，而自身調節能力又弱的話，再多的外部刺激與新鮮感也會轉瞬即逝。因為大腦會不斷地尋求刺激，這是它的本性，久而久之，大腦對刺激的需求以及強度都會大大增加。

除了外部刺激不足與自身調節能力偏弱這兩個因素以外，情緒波動也會使個人陷入無聊的深淵之中。那些擁有正向自我意識的人很少會感覺無聊，相比之下，那些自我意識較弱的人往往不清楚自己真實的需求與願望，找不到生活的

Part6　情緒轉移：學會轉移情緒，幫心理降溫

目標和意義，他們更容易深陷在「無聊」的深淵中。

在極端情況下，如果個體不知道如何讓自己開心起來，被無意義的當下包圍，也會產生出複雜的無聊感，甚至直指生存問題本身。而當個體出於現實考慮或迫於其他壓力，放棄了至關重要的生活目標和夢想，無聊感也會隨之產生。

美國臨床心理學家 Richard Bargdill 曾描述過幾例無聊的案例，這些案例都顯示，失去了生活目標會使人產生深刻的無聊感。其中，有一位女性在放棄當生物學家的夢想後，後悔嫁了一個不喜歡的丈夫，生活在空巢一般的家裡；另一位男性放棄了當天文學家的夢想，轉而投身宗教事業，也出現了同樣的症狀。

無聊感各有不同，治療無聊的方法也多種多樣。想要讓自己遠離無聊，或者說在無聊出現時將其擊退嗎？最好的辦法就是讓自己的方法更有針對性。

如果你的無聊感源於令人乏味的工作，那麼，你可以嘗試著換一份工作，或者增加自己的工作難度與強度，來改變自己的工作環境。

如果你總是在業餘時間感覺無聊的話，那麼，你就應該嘗試著遠離現在的生活方式，培養一些新的興趣愛好，或者學習一些新的技能。透過這些自我訓練，你會發現，自己周圍的世界其實很豐富，只要用心觀察、體會周圍的美，便不

會感覺無聊。

學會內觀也是一個不錯的辦法：內觀是個人感知與關注當前的狀態，它源自東方哲學中的打坐冥想。內觀過程中，你應緩慢放鬆，專注於自己的呼吸吐納和肢體感覺，並讓思緒天馬行空般穿行於腦海。內觀訓練可以有效地幫助你提高注意力，走出情緒的漩渦，從而減少無聊感——心理學家們證實，在接受為期十天的內觀訓練後，冥想初學者與未接受過訓練的人相比，其不良情緒、工作注意力與記憶力都有了明顯的改善。不過，在內觀時，你應該充分認識自我和周邊環境，這是成功內觀的關鍵。

當然，無聊並不是一無是處的。很多心理學家們都發現，無聊可以提供一個思考與反省的機會。此外，無聊還可以作為判斷自我工作是否有價值的標準，因為無聊的工作是不值得浪費時間與心力的。

實際上，這個世界上已經有很多學者將無聊感視為自我靈感的催化劑。諾貝爾獎得主、著名詩人約瑟夫·布羅茨基（Joseph Brodsky）在自己的作品中就曾經提到過：「當無聊的大潮來襲時，請讓自己允許它到來，讓自己隨波逐流，陷入最深的無聊之中。因為，當不快發生時，你越是儘早與之交火，便越有機會早一些浮出水面。」布羅茨基如此說道：「若你此刻可以成功擺脫無聊的消極效應的影響，便有機會化阻力為前進的巨大動力。」

Part6　情緒轉移：學會轉移情緒，幫心理降溫

換一種思維便豁然開朗

　　微軟的創始人比爾蓋茲是一位情商極高的領導者。他為人非常謙和，從不會為了什麼事情大動肝火，也正是這種個性締造了微軟的神話。

　　很多年前，在 Windows 系統還沒有誕生時，比爾蓋茲去請一位軟體高手加盟微軟，那位高手一直不予理睬。最後禁不住比爾蓋茲的「死纏爛打」，他同意見上一面。但一見面，他就劈頭蓋臉譏笑說：「我從沒見過比微軟做得更爛的作業系統。」

　　比爾蓋茲沒有絲毫的惱怒，反而誠懇地說：「正是因為我們做得不好，才請您加盟。」那位高手愣住了。比爾蓋茲的謙虛把高手拉進了微軟的陣營，這位高手後來成為 Windows 的負責人，終於開發出了被全世界廣泛應用的作業系統。

　　比爾蓋茲的高情商讓他成為這個世界上最受矚目的人物之一，這可能也是微軟更重視員工入職前情商測試的原因之一。那麼微軟的情商測試究竟是什麼樣子的呢？下面就為大家舉個例子，看看你是否也有潛力成為微軟的一員：

　　在一個暴風雨的晚上，你開著一輛車，經過一個車站。

　　你看到有三個人正在焦急地等公共汽車，他們分別是：一個生了重病，生命受到威脅的老人，他需要馬上去醫院；

一個曾經救過你性命的醫生，你做夢都想報答他的恩情；還有一個是你夢寐以求的理想對象，這次如果錯過她（他），以後就再也沒有機會了⋯⋯

而現在的情況是，你的車裡只能坐下一個人，只能帶一個人走，你會怎麼選擇呢？

對於高情商的人來說，這個問題實在太容易了。可是情商低的人也許就要陷入糾結的狀態：社會責任和良知告訴你，老人是必須要救的；道德告訴你，對醫生也不能坐視不理；情感卻說，你一輩子都求之不得的那個人啊，怎麼可以讓她（他）溜走⋯⋯

當然，基於道德和良知的考慮，很多人會選擇生命垂危的老人。他們會想，恩情以後還有機會報答，自己的感情丟了遠沒有一個生命丟了來得重要。

是的，這個選擇是沒什麼錯，可是高情商的人會告訴你，你還有更好的選擇：你下車，讓醫生開車帶老人去醫院，然後你陪著自己心愛的人在雨中等公共汽車，或者雨中漫步⋯⋯

很棒的結果不是嗎？你只需要換一種思維方式就能讓自己的世界海闊天空！一個成功的企業需要的正是這種具有開放性思維的人。任何問題並不都是只有一個答案或一種解決方式，你完全不用讓自己如此進退兩難。那些經常進退兩難

Part6　情緒轉移：學會轉移情緒，幫心理降溫

的人會很容易讓自己走進死胡同，一個愛鑽死胡同的人怎麼可能讓一個企業前途光明呢？

所以，從現在開始，請你試著換一種方式去思考，生活雖然不是腦筋急轉彎，卻需要腦筋急轉彎那樣的智慧。即使你有不撞南牆不回頭的勇氣和撞破南牆的能力，可是如果有不必撞牆的方法，何不考慮一下呢？

Part7
情緒感染：
鍛造強大內心，遠離情緒汙染

他人的喜怒哀樂往往會在極短時間內感染我們。受到負面情緒感染的人們，往往會表現出情緒低落、憂鬱甚至憤怒的狀態；受到積極情緒感染的人們則會表現出熱情高漲、樂觀上進的模樣。同樣，你周圍人的情緒，也會因你的情緒而改變。這是因為人在宣洩自身情感的時候，會形成一個情感場，這個磁場可以感染周圍的人，進而形成互動並感受到情緒感染所帶來的效力。

Part7　情緒感染：鍛造強大內心，遠離情緒汙染

情緒汙染引發的「踢貓效應」

　　是否想過，你的情緒就如同作用強大的病毒一樣，可以到處傳染呢？這種能夠被傳染的情緒，會進一步透過姿態、語言、表情傳達一些訊息給對方，在不知不覺間使他人受到影響——這便是心理學上的情緒效應。

　　一位經理在大清早起床以後，發現自己上班馬上就要遲到了，便急急忙忙開車趕到了公司裡。一路上，為了趕時間，這位經理連續闖了幾個紅燈，終於在一個路口被警察發現並攔了下來，警察開了一張罰單給他。

　　這樣一來，上班遲到成了無法改變的事實。到辦公室後，這位經理像吃了火藥一般，看到辦公桌上放著幾封未寄出的信件後，更加生氣了。他將祕書叫了進來，劈頭便是一陣痛罵。

　　然後，祕書拿著未寄出的信件，走到了總機小姐的面前，照樣是一通狠批：「為什麼昨天沒有提醒我還有這麼多的信件需要寄出？」

　　總機小姐大早上便捱了上司的批評，心裡很不爽，便找到公司裡職位最低的清潔工，並借題發揮，沒頭沒腦地批評清潔工的工作。一連串聲色俱厲的指責讓清潔工的心情立即

壞了起來,但她在公司裡地位最低,沒人可以讓她撒氣,也只能自己忍著。

在下班回到家後,清潔工看到兒子正坐在沙發上看電視,客廳裡面滿是他亂丟的衣服、書包與零食,她立刻抓住機會,將兒子好好地教育了一通。

兒子氣得連心愛的動畫也不看了,憤憤不平地回到自己的房間裡,看到家裡的那隻大懶貓正盤踞在自己的書桌底下,一時怒從心起,狠狠一腳,將可憐的貓踢得遠遠的。

沒有犯下任何錯誤卻無故遭殃的貓百思不得其解:「我做錯什麼事了嗎?」

這便是現實生活中確實存在的「踢貓效應(Kick the cat)」:人的不滿情緒與糟糕心情會隨著自己的人際交往不斷擴散出去,並會形成或模糊或清晰的傳遞鏈條。

哈佛大學心理學教授尼古拉斯·克里斯塔基斯(Nicholas Christakis)與加州大學聖地牙哥分校的教授詹姆斯·福勒(James Fowler)一起完成了一項名為「快樂傳遞」的實驗。

在實驗過程中,克里斯塔基斯發現,快樂情緒可以感染親友與鄰居,他們估算,若自我社交網路中有一個人可以感受到快樂,那麼,其家庭成員與朋友感受到快樂的可能性會增加14%與9%,而其室友與鄰居感染到快樂的可能性會增加8%和34%。

Part7　情緒感染：鍛造強大內心，遠離情緒汙染

　　同時，快樂情緒在人際傳播的過程中，最長可以持續一年，並能使三個社交圈子的成員受到影響。據測算，當群體中有一個人變得高興起來時，他的快樂情緒很可能會感染到「朋友的朋友的朋友」，而且，這一可能性的機率為5.6%。實驗證明，5,000美元只能增加個體2%的幸福感，所以，他人的良好情緒會比5,000美元更讓人感到高興。

　　按照克里斯塔基斯的說法：你的快樂並非局限於獨立的個體，你是否快樂，並不完全取決於你的行為與想法，更受一些與你素不相識者的影響。

　　此外，該項研究還發現，負面情緒與好情緒相比，有著更為強烈的傳染性。比如，一個原本個性開朗、心情舒暢的人整日與一個心情沮喪、唉聲嘆氣、愁眉苦臉的人相處的話，不久之後，他自己也會變得憂鬱起來。而且，一個人越是具有同情心，就越容易受到不良情緒的傳染。

　　這種負面情緒的傳染往往是在不知不覺中進行的，而且它們的傳染速度相當快。若你與親近的人在一起，而對方的情緒過於低落或者煩躁，那麼，不到半小時，你的情緒便會受到對方情緒的影響。

　　因此，在日常生活與工作中，我們應該讓自己保持良好的情緒，避免自我情緒受到他人負面情緒的「汙染」。以下是一些避免個人受到負面情緒傳染的方法：

努力掌控情緒

不要讓自己的情緒受到他人行為的控制,而是讓自己學會掌握自我情緒,找出令自己的情緒變得不好的原因,並努力將其排除。有時候,你會無法判斷到底是什麼引發了自己的負面情緒,在這種情況下,首先接受它,然後再進行正面的自我暗示。

避免與壞情緒者在一起

當你看到某人臉色不佳時,就可以推斷出此人目前正處於不高興的狀態,此時,你最好迴避,以避免自己的某些不經意行為引爆他的不良情緒,更避免讓自己受其負面情緒的影響。

意識到發洩壞情緒的惡劣性

壞情緒對人百害而無一利,有情緒去發洩是正確的。作為一個現代文明人,我們可以選擇發洩壞情緒,但是絕對不可以隨便向他人發洩。身處公眾場合時,我們更應該為他人考慮,因為情緒問題不是私人的事情。而那種一有情緒便將他人當成出氣筒的人,不僅會遭到他人的反感,更會讓自己的生活陷入一團糟的境地中。

善於掌控情緒的關鍵時刻

人的情緒有兩個關鍵時刻:一個是早起時,一個是晚睡前,若在這兩個時間段內保持良好的情緒,使自我心情順

Part7　情緒感染：鍛造強大內心，遠離情緒汙染

暢、快樂，你便會很容易獲得一天的好心情。

個人的情緒總是處於不斷的變化中，情緒好的時候，我們會感受到生活一片光明；情緒不佳時，我們往往會因此而怨天尤人。我們需要知道的是，好與不好，都是自我情緒作用的結果，好的時候，讓自己坦然面對；壞的時候，積極看待。千萬不要將自己的負面情緒輕易傳遞給他人，也不要輕易受到他人的負面影響，這才是真正成熟的表現。

避免成為情緒的汙染源

　　一位醫生在百貨公司裡買圍巾，挑了好長時間卻總也不滿意。因此，櫃姐很不耐煩地說：「你是來買圍巾的還是來欣賞圍巾的啊？你到底買不買啊？」而這兩句話讓醫生的購物熱情一下子降到冰點。

　　隨後，醫生帶著一肚子的不愉快去上班，又一臉不高興地幫患者看病。一位病人拿起醫生開的處方對她說：「醫生，這種藥很苦，能換一種嗎？」醫生怒氣未消地說：「這又不是糖！藥都是苦的！你到底是來治病的還是來嘗藥的？」

　　病人見到如此不耐煩的醫生，心裡堵得慌，於是憤然離開。而這位病人是個銀行職員，回到公司後，她坐在櫃檯裡越想越氣，對每一位來存錢的顧客都沒有好臉色，服務態度更是差。而其中一位顧客，恰恰正是故事一開頭的那位櫃姐。

　　日常生活中這樣的例子不在少數。人的情緒是會傳染的，要避免自己成為情緒的汙染源，不然既害人又害己。

　　據心理學教授劉仁洲介紹，人的不滿情緒和糟糕情緒，一般會沿著等級和強弱組成的社會關係鏈條依次傳遞，由金字塔頂尖一直擴散到最底層。而無處發洩的、最小的那一個

Part7　情緒感染：鍛造強大內心，遠離情緒汙染

元素，則成為最終的受害者。換句話說，人的情緒都會受到環境以及偶然因素的影響，當一個人的情緒變壞時，潛意識就會驅使他選擇下屬或無法還擊的弱者發洩。如此一來，就會形成一條清晰的「憤怒傳遞鏈條」，而最終的承受者是最弱小的群體，也是受氣最多的群體，因為會有多個管道的怒氣傳遞到這裡來。

心理學專家研究發現，人的惡劣情緒就像病毒和細菌一樣具有傳染性，而且傳播的速度非常快。研究結果證明：只需要二十分鐘，一個人就可以受到他人低落情緒的影響。如果一個原本心情舒暢開朗的人與一個愁眉苦臉、情緒憂鬱的人相處，不久這個人也會變得情緒低落起來。如果這個人既敏感又富有同情心，那麼就更容易在不知不覺中染上壞情緒。所以，要避免成為情緒的汙染源，只有這樣，才不會擾亂他人的情緒，也不會對他人的生活造成影響。

人不是孤立存在的，社會中的每個人都需要面對其他人。一部分人在人際交往中形成的不滿和怨憤無處發洩，甚至把孩子當作「出氣筒」，可是欺負孩子之後還是會覺得心裡愧疚，於是，作為「汙染源」的家長便用物質來償還，會買很多的禮物給孩子。久而久之，家長的做法會讓孩子學會一種處世原則：人沒那麼重要，人的情感要透過錢來解決，而且錢能解決一切事情。這是非常錯誤的人生觀和價值觀。所以，為了孩子，我們要避免成為情緒的汙染源，盡量不把自

己的情緒遷怒於孩子,做一名合格的家長。

成為情緒的汙染源是件很可怕的事情,那要怎麼做才能避免成為情緒的汙染源呢?

提高自察能力

哲學家蘇格拉底的一句「認識你自己」,道出了情緒管理的實質與核心。一個人能夠監控自己的情緒並且具有知曉自己情緒變化的能力,就能有很好的自我覺察能力和心理領悟能力。如果一個人不具有對情緒的自我覺察能力,或者說不認識自己真實的情緒感受的話,就容易被自己的情緒任意擺布,以至於無意識地就成了情緒的汙染源。

提高自控能力

情緒的自我調控能力是指一個人如何有效地擺脫焦慮、沮喪、激動、憤怒或煩惱等負面情緒的能力。這種能力的高低,會影響一個人的工作、學習和生活。當情緒的自我調節能力低下時,人就會常常處於痛苦的漩渦之中,也很容易成為情緒的汙染源。所以提高對情緒的自我調控能力很有必要。

提高人際協調能力

處理人際關係的協調能力是指善於調節與控制他人的情緒反應,並能夠使他人產生自己所期待的反應的能力。一般

Part7　情緒感染：鍛造強大內心，遠離情緒汙染

來說，能否處理好人際關係是一個人能否被社會接納的基礎。在處理人際關係的過程中，重要的是能否正確地向他人展示自己的情緒與情感，因為一個人的情緒表現會對接受者即刻產生影響。如果你是一個壞情緒的傳染源，那麼接受者極有可能會受到你壞情緒的影響。當然，在交往過程中，如果擁有良好的人際關係協調能力，你不僅能夠避免成為情緒的汙染源，而且在工作和生活上也會順風順水。

在任何組織裡，總會有幾個不滿現狀的人無意識地成為「情緒汙染源」，他們會把大小事做負面解讀，總認為這個世界對不起他，他們還會把自己的情況渲染得很悲慘，講給周圍人聽，而這些負面情緒的傳遞對周圍人的影響將會非常大。所以，我們在避免成為「情緒汙染源」的同時，還要努力去改變他人，將情緒汙染的危害降到最低。

你看到的並不一定是你想像的那樣

　　天空有陰霾不是一定會下雨，月亮殘缺不一定就是天狗食月。其實有的事情並不全都是你想的那樣。陰霾的天空會放晴，月亮殘缺了還會再圓。任何事都有其兩面，如果一直把事情引到你糟糕的情緒中去，無論是悲傷還是恐懼，你將永遠成為它們的奴僕。

　　有個人很喜歡旅遊探險，一次他一個人到山裡去旅遊，坐在山路邊休息時，腳被一隻黃蜂蜇了一下。但是，他並沒有發現那隻黃蜂。他摸著腳腕上那個腫脹的包，心中感到非常恐懼。因為，他曾經聽人家說過，這座山裡有一種毒蟲。而且，他還知道被毒蟲咬了以後，只要走出十步，便會喪命。

　　想到這裡，那人的腳腕愈加腫痛了，他敢肯定自己是被毒蟲咬了。幸虧，當時他在聽人說這件事的時候，曾跟人家請教過解救的辦法：只要原地不動，在心裡默唸「毒蟲，毒蟲」的咒語，到日落西山的時候，毒自然解除。

　　於是，他就站在那裡，默默地唸著咒語。但是，他的內心仍然非常恐懼。火辣辣的太陽烤得他頭暈目眩，他只能急切地盼望著日落。結果，還未等到日落，他就暈倒在山上了。

Part7　情緒感染：鍛造強大內心，遠離情緒汙染

　　他被人送進山下的醫院急救，醫生們經過檢查後發現，他是因為中暑暈倒的。待他醒過來之後，醫生問他中暑的經過，他一五一十地講述了自己被毒蟲叮咬的事。

　　醫生聽完後，哈哈大笑起來。最後，醫生告訴他，毒蟲只是一種傳說。

　　這個故事告訴我們，很多時候我們不是被自己的能力打敗的，而是被我們想像中的恐懼打敗的。恐懼是一種很容易傳染的病菌，也許事情並不是你想像的那麼壞，但是恐懼的病菌一旦進入你的身體，你就會變得憂鬱和怯懦。

　　恐懼是我們每個人都會產生的心理狀態，恐懼也是人類生存下來的一大功臣，因為有了恐懼，人類才能學會趨吉避凶，才會注意保護自己。但是如果我們過度地恐懼，就會變得草木皆兵，就只能膽顫心驚、小心翼翼地活著。

　　沒有一種情緒是強大到不可戰勝的，只要你能看清它們，不要放大或是縮小，都可以戰勝。壞情緒很多時候不是因為客觀條件產生的，而是來自人的主觀。一件原本不是很嚴重的事，在人的壞情緒醞釀之下就會變得無比可怕。其實很多人在渡過了危機後會發現，事情並沒有我們想像的那麼糟糕，只是因為我們身處其中，讓情緒左右了我們認知的方向，才會只看到壞的那面。

　　想要讓事情全面地呈現在我們面前，就要學會用正確的態度看待這些問題，那正確的態度都是些什麼呢？

沒弄明白之前不要隨意想像

以前人們不知道為什麼在墓地裡會有飄來飄去的火，於是就加入了很多想像，編出了這樣一套說辭。他們說那是鬼火，是害人的，於是大家都非常害怕。直到很久以後，我們才知道這是一種自然現象，叫作磷燃燒。從那以後，怕鬼火的人自然少了很多。很多事情也都是一樣，因為我們不清楚，所以總把事情想像得很糟糕很可怕，最後才發現其實是自己想多了。

客觀一點有助你看清事實

或許你只是聽到了一些好朋友陷害你的流言，不管這是不是真的，你就開始發脾氣，怨恨朋友。你為什麼不願意客觀地分析一下呢？或許簡單地想一想你就會知道這並不符合邏輯，不可能是真實的。冷靜客觀才能看清事情的本質。

接受不同的答案

每一件事都有很多面，不光只有你死心眼認定的那一個。從你的角度看到的是好的一面，或許從別人的角度看到的就不一樣，不要固執地認定自己堅持的才是對的，對事物應採取彈性的態度，不要冥頑不靈。

先把情緒收起來

很多時候是你預先設下的情緒讓你看不清事情的真面目。或許你看到了某人就覺得討厭，甚至都不管他做了什

> Part7　情緒感染：鍛造強大內心，遠離情緒汙染

麼。所以任何事都不要主觀地加入一些不必要的情緒，要先看清楚再決定該喜還是該憂。

我們常常在生活中因為一點困難和挫折就痛苦得要死要活，但回過頭以後就會發現，其實沒有那麼嚴重。恐懼的時候告訴自己，我沒有那麼懦弱；絕望的時候告訴自己，明天還會有希望。當壞情緒困擾你的時候，你不妨和自己說一聲「其實事情有可能並不是我想的那樣」。

拋開腦海中固有的偏見

　　叔本華說：「思想家就應該是一個是聾子。」其實他的意思就是，身為一位思想家不應該受到別人的影響，形成偏見。不只是思想家，其實每一個人都應該這樣，一旦戴上有色眼鏡看人，無論是多麼純潔簡單的人，最終也都會被染上五顏六色。

　　美國南北戰爭期間，林肯為了穩妥起見，一直任用那些沒有缺點的人擔任北軍的統帥。可事與願違，在擁有人力物力優勢的情況下，他所選拔的這些統帥一個個接連被南軍將領打敗，有一次甚至差點丟了首都華盛頓。

　　林肯經過分析，發現南軍將領都是一些有明顯缺點又同時具有個人特長的人，總司令李將軍善用其長，所以能連連取勝。於是林肯決定任命尤利西斯·格蘭特（Ulysses Grant）將軍為總司令，但也因此遭到了一些人的非議。

　　某個委員會的發言人訪問林肯時，要求他將格蘭特將軍免職。林肯吃了一驚，問：「原因何在？」該委員會發言人說：「因為他喝威士忌喝得太多了。」林肯說：「那請你們誰來告訴我，格蘭特喝威士忌都是喝什麼牌子？我想給送給其他將軍每人一桶。」

Part7　情緒感染：鍛造強大內心，遠離情緒汙染

　　林肯何嘗不知道酗酒可能會誤大事，但他更清楚，在諸多將領中唯有格蘭特將軍能夠運籌帷幄，是可以決勝千里的帥才。後來的事實也證明，格蘭特將軍的受命正是南北戰爭的轉捩點，也是格蘭特將軍打敗了南部軍隊總司令羅伯特。

　　後來，有人問林肯該報導講的這則故事是不是準確無誤，林肯說：「不，我沒有這樣說過，但這故事不錯，幾乎永垂不朽。我可以把這個故事追溯到喬治二世（George II）和詹姆斯·沃爾夫（James Wolfe）將軍時期：當某些人向喬治抱怨，說沃爾夫是個瘋子時，喬治說：『我希望他把某些人咬了才好！』。」

　　所謂用人之長，就是用人不要看他有什麼缺點，而是看他能做什麼。如果總是盯著他的缺點看的話，你永遠都看不到他的優點和特長。威廉·赫茲利特（William Hazlitt）有句話：「偏見是無知的孩子。」說得一點都不錯，「人」加上「扁」為「偏」，人一旦有了偏見，就會把「人」看「扁」，也就「偏」了。整天抱著偏見的人不會有太大的進步，很難獲得成功，而且他的偏見還會影響他在其他方面的判斷力。

　　每個人都有著自己不同的使命，每個都有自己不同的人生價值，所以我們不能戴著有色眼鏡來看待任何人，否則，不僅僅是傷害了別人的自尊，更會將自己的英明毀於一旦。與他人相處時，請拿下自己的有色眼鏡，你將會擁有一雙明亮的眼睛，它能幫你透過別人的不足，看到別人的優點，你

便不會再因為別人小小的過失而斤斤計較,更不會因為以前的一點點摩擦,而輕視了朋友間真誠的友誼。

那麼我們應該怎麼做才能不戴有色眼鏡看人呢?

正確對待「第一印象」,避免「以貌取人」

每當遇見一個人,我們就會對他產生印象,這個心理過程叫知覺。而「偏見」產生的最初原因即來自於此。很多人在看人的時候,總會「以貌取人」,總覺得這個人長得不夠好,所以就覺得他也是一個不怎麼樣的人。在不知不覺中,其實偏見就已經形成了。

不要帶著自己的情緒來判斷別人

當你處於良好的情緒狀態時,在你眼裡一切事物都是美好的。可是當你心情極差的時候,可能別人做什麼都會惹你心煩,這也是一種偏見。他好不好是客觀的,可是如果你加入了主觀的考慮,就會有失偏頗。

不要以偏概全

沒有一個人是十全十美的,所以對待別人的時候不要只看他的缺點,而忽略了他的優點。缺點越突出的人,其優點也可能越突出,有高峰必有谷底。看人要全面,這樣才能防止偏見的產生。

我們往往是憑著主觀臆斷,戴著有色眼鏡看人和事,隨

Part7　情緒感染：鍛造強大內心，遠離情緒汙染

意猜測，無形中增加了自己的心理負擔，要是我們能取下這副有色眼鏡，實事求是地調查，拋開腦海中的偏見，細心地分析，就可能得到正確的結論，而且我們的生活也會變得和諧和豐富多彩。

換位思考所帶來的啟示

　　換位思考是基本的道德教諭。古往今來，從孔子的「己所不欲，勿施於人」到《馬太福音》的「你們願意別人怎樣待你，你們也要怎樣待人」，不同地域，不同種族，不同宗教，不同文化的人們，說著大意相同的話。

　　心理學有一個名詞叫「換位思考」。所謂換位思考，即俗話所說的「要想公道，打個顛倒」，它是指人與人之間在心理上互換位置，在人際交往中對所遇到的問題，能設身處地地從對方所處的位置、角度、情境去思考、理解和處理，深刻體察他人潛在的行為動因，不以自己的心態簡單地看待問題，對待他人。

　　運用心理換位法，就是要打破思維的定式，克服「自我中心」，站在對方的角度上思考問題，從而增加相互間的理解與溝通，防止誤解與不良情緒的產生。

　　無可避免地，誰都會有和他人產生矛盾的時候，這時，只要換位思考，理解對方為什麼要這樣想，為什麼要這樣做，採取一些適當的方法，就可以找到滿意的答案。

　　換位思考是人類經過長期博弈，付出慘重代價後總結出的黃金法則。俄國理論家彼得·克魯泡特金（Pyotr Kropot-

Part7　情緒感染：鍛造強大內心，遠離情緒汙染

kin)在《互助論》(*Mutual Aid: A Factor of Evolution*)中證明：只有互助性強的生物群才能生存。對人類而言，換位思考是互助的前提。社會是一個利益共同體，沒有人是一座孤島，我們不能用自己的左手去傷害右手，我們是同一棵樹上的葉和果。

聖誕節前夜，一位商人在地鐵出口看見一個衣衫襤褸的人站在路旁，面前放著一個裝了幾枚硬幣的盒子，旁邊凌亂地插著一些鉛筆。

商人放了幾枚硬幣在盒子裡就匆匆往前趕。走了一會兒，他覺得有些不妥，就轉身折回來，他問了問鉛筆的售價，拿了幾支，並向對方道歉，解釋說自己忘記拿了，希望他不要介意。

幾年後他們再次相遇時，這個衣衫襤褸的人已經成了富商。他握住商人的手動情地說：「您可能不記得我了，我也不知道您的名字，但是，您是我永遠也忘不了的人。是您，重新給了我自尊！自從我的生意倒閉以後，我一蹶不振。看上去我是在賣鉛筆，可人們都把我當成乞丐來施捨，因此我自己也認為我是一個乞丐！那天，我麻木地看著您丟下硬幣，可是沒想到您又跑回來了。您的言行告訴我，我不是一個乞丐，而是一名商人！謝謝您讓我重新站起來！」

每個人都不希望被看成乞丐，正所謂己所不欲，勿施於人，因此，在開口說話前，我們應該先問自己：自己犯了錯

時，希望別人批評我嗎？不希望！我希望得到原諒。當我做得不好時，我希望別人嘲笑我嗎？不希望！我希望得到鼓勵。當我遭遇挫折時，我希望別人幸災樂禍嗎？不希望！我希望得到幫助。當我情緒低落時，我希望別人冷落我嗎？不希望！我希望得到安慰。當我總是聽不懂時，我希望別人覺得我煩嗎？不希望！我希望得到耐心。所以當你自己也處在類似情景時，就做你希望別人對你做的事，這才是最有效的溝通技巧。

你有沒有這種經歷？在你心情很好的時候碰到一個人，這個人上來就說天氣有多麼糟糕，他的生活多麼黯然無光，這個時候，你的大腦會隨著他的語言思考，結果，你腦中是一幅幅不愉快的景象，你的心情也會因此而變得莫名壓抑。下一次你會盡量避開與這個傢伙交流。有些人之所以喜歡抱怨，往往是因為他們害怕別人知道做事不利的根源在於他們自己本身──他們害怕面對問題本身，害怕和別人進行有意義的交流。因此，在這種情況下，我們要試著和別人換位思考，避免壞情緒的惡性循環。

當你學會換位思考的時候，就會在遇到問題時多站在別人的角度來看待，設身處地為他人著想。當我們遇到與他人意見各異的情況時，不妨試著從對方的角度去考慮某些問題，設身處地從對方的角度去思考、去處理問題。有可能某些我們眼看無法調和的衝突在「山重水複疑無路」時，會因為

Part7　情緒感染：鍛造強大內心，遠離情緒汙染

我們的換位思考而進入「柳暗花明又一村」的境界。當我們做到這些的時候，我們就能夠更多地理解別人、寬容別人。在生活中，學會換位思考，化干戈為玉帛，化消極為希望，會讓我們發現原來生活其實很美好。

如果你想抱怨，那麼生活中的一切都能夠成為你抱怨的對象；如果你不抱怨，生活中的一切就都會變得美好起來。一味地抱怨不但於事無補，有時還會使事情變得更糟。所以，不管現實怎樣，你都不應該抱怨，而要靠自己的努力來改變愛抱怨的心態。如果你已經準備好，請拿出虛懷若谷的胸襟，嘗試著換位思考，你會發現，世界原本可以如此美麗，生活原本可以如此豐富，精神原本可以如此充實。

面對攻擊、指責與否定時怎麼辦

「這麼簡單的錯誤你都能犯,你這麼多年是怎麼工作的?」

「這點事情你都辦不妥當,你就不能聰明點嗎?」

「虎頭蛇尾,你做了還不如不做呢!」

……

面對上司、同事甚至是朋友這樣的指指點點,你是否會想要反擊:「你懂什麼?」但你由於畏懼於對方的地位或是害怕失去好人緣,而未曾為自己辯解,自己又會感覺委屈與挫敗。

其實這種來自身邊的指責與否定往往是最破壞心情、對個人傷害最大的。想一下:

你身體不舒服或有其他原因無法赴約時,卻被對方指責為不重視、自私;

你嘗試向父母講明白某個道理時,卻被對方指責為自以為是;

你選擇先去忙自己的事情而沒有幫助同事時,被認為眼裡只有自己,沒有團隊精神……

Part7　情緒感染：鍛造強大內心，遠離情緒汙染

　　面對這種負面的否定，人往往會有兩個反應：一是認可對方的說法，承認自己的確是這樣的人，然後產生挫敗感；二是馬上反擊對方，兩人因此發生爭執，進而感覺到「不被理解」的孤獨。

　　其實所有來自外界的否定、指責與批評，都可以歸屬於攻擊，這種攻擊往往會滲透到我們生活的各方面，令人無法躲避。只要你活著，就勢必要去面對他人的批評與指責。

　　面對攻擊時，不管是急著否定攻擊還是為攻擊辯解，其實都是心理學中「被引導」的狀態：他人的攻擊激發了你的防禦本能，你就已經從自己的世界裡被他人帶走了。換句話來說，你已經被他人的話題所控制──若對方使用的是激將法，或者其目的就是「引導」你，那麼毫無疑問，他贏了。

　　顯然，無論哪一種都不是理智的方法：在攻擊與反擊中，總會有人受傷甚至是兩敗俱傷，而解除這種攻擊的方法，就是重新認識、定義攻擊。

　　面對他人的「扣帽子」，採用客觀的回想。

　　他人對你所展開的攻擊，其實可以被視為是「扣帽子」的過程：對方將看似是你的帽子扣在了你的頭上，並給你做了定義：你是怎樣一個人。但這只是他的一個定義，至於這一定義是不是真實的你，他說了並不算。

　　佛洛伊德對這一過程進行過精彩的論述，並以移情、投

射與認同進行歸納：他人對你的否定，可能是其內心的投射，是他對別人不滿的一種移情——這完全是他的事情，而要不要認同他的觀點，則完全是你的事情。

轉化與還原，認清反擊的本質

當你看到了自己怎樣被攻擊、怎樣被扣上帽子時，轉化過程也因此而開始了。

如果這頂帽子並不屬於你，你就需要去還原事實：

我並不是一個自私的人，我認為自私應該是在自我時間充足的時候，只顧自己而不顧他人。但我只是在自己的需求與他人需求產生衝突時，選擇了先照顧好自己而已。我也並不是一個不負責任的人，因為我的能力有限，所以無法完成工作。那些有能力去完成工作而不去完成的人，才是真正的不負責任。

在還原的過程中可以發現：你依然渴望從他人那裡得到認可與尊重。這是一種力的反衝：當他人開始攻擊你時，你會馬上感覺到自己不被認可與尊重。這種感覺會讓你感到沮喪、失望。但是，如果你將改變對方的言論視為滿足自我渴望的方式時，你往往會變得更失望，因為他人的做法與舉動並不會因為你的渴望而改變。

當你認清楚了這點後會意識到，你不可能也不必讓所有人都來稱讚你、認可你——你需要的只是自己認可自己，而這種來自自我內心的認可會讓你感覺到莫大的欣慰與滿足。

盡力滿足他人的渴望與期待

認清了他人攻擊的事實、實現了自我滿足以後，你應該嘗試著好奇：「那個否定我的人在期待什麼？」

第一種是對方對你抱有更大期待。其實，靜心地想一下，你便會知道：那個指責你不夠努力的上司，其實是在期待你可以做得更好一些，而不是真的想要徹底地否定你。站在這一角度來看，他的指責會變成「督促」，你自然不應反過來去反擊、否定他。

第二種是對方在印證自我尊嚴。有些時候，某些人在打擊、指責他人時，只是為了維護一下自己可憐的自尊；他們透過找出他人的一點毛病，來顯示自己的價值——心理學認為，這種透過指責他人來獲得認可的方式其實是一種變相的自卑。

對於抱有如此自卑心理的人，給他想要的又何妨呢？不管他說的話是否有參考價值，你都可以尊重他滿足自我價值感的方式，並接納這樣一個真實的他。因為若你可以尊重他滿足自我價值的方式，你就可以促進這段關係的後續發展。

這就是事實：當你願意肯定自己，且不需要任何人來證明你的價值時，你就會更坦然地去面對這些攻擊；當你施以感激與接納時，你就可以收穫一段更近的關係——而憑藉著自己對自己的認可與肯定，你會進一步穩固自己內在的能

力,而不會輕易地被他人的言語所影響。站在這一角度上來說,每一次攻擊都是一種洗禮。

Part7 情緒感染：鍛造強大內心，遠離情緒汙染

藉助「情緒傳遞力」

如果你正在領導一個團隊，或者身為團隊中的一分子，你一定可以感受到「情緒傳遞力」有多麼大的力量！

你懶洋洋地走進公司，想趴在桌上小睡一覺，因為昨晚你打了通宵的電子遊戲，身體疲憊極了。但是你無法這樣做，因為所有的人都在拚命工作，他們比你早來半個小時，現在已經進入了一種拚命向前衝的工作狀態。此時，相信你像被澆了一盆涼水一樣，馬上變得像他們一樣興奮，融入團隊的積極氛圍之中！

是的，無論是積極還是消極的氛圍，它都會影響人。而身為高效能人士的你，最重要的就是學會營造這種氛圍的能力。值得注意的是，這種氛圍營造能力往往源自人的情緒傳遞力，而人的情緒傳遞力需要從捨棄「不擅長」的事物開始做起。

必須要有捨棄「不擅長」的事物的決心

在營造情緒傳達力時，最重要的就是接受來自他人的批評指教。會指責你在某些領域不擅長的人，通常是對該領域很擅長的人，所以他們完全不能理解你為什麼會對那個領域那麼不熟悉。不過，如果很多人指責的都是同樣的領域，就

表示該領域對我們來說，不管投入再多的追加成本，能得到的報酬可能還是少得可憐，即所謂的「不可靠近的危險地帶」。

對於這種「危險地帶」，你反而應該要提高警戒才行。要是搞不清楚狀況，把原本應該要投入擅長領域的時間投入危險地帶的話，不僅難以創造成效，還會讓人覺得焦躁難安。

將不容易回答的話題帶往自己期望表達的方向

管理者會有向員工下達命令或是接受員工諮詢的時刻，在這種時候，難免會有一些很難回答的問題出現。此時，你應針對自己想表達的意見事先做好準備，一旦抓到可自由表達的機會，就一定要勇敢地把話題往自己想表達的方向帶。

此外，還有一個重點，提出自己的主張時，不能只從主觀的角度出發，即使要反駁對方的主張，也必須站在客觀的角度，再利用大量的證據證明，讓對方知道除了他們的觀點之外，還存在著其他的看法。如果不這麼做的話，雙方永遠只會公說公有理、婆說婆有理，討論將永遠只是兩條沒交集的平行線。

經常意識到個人的「影響範圍」

如果想要更深入了解人如何對他人產生影響，你就有必要了解一下「影響範圍」的思考模式，這種思考模式簡單來說，就是在空間中，自己可以發揮出多大的影響力；或者一旦把關

Part7　情緒感染：鍛造強大內心，遠離情緒汙染

心的重點放在被他人控制的地方，自己將會累積多少壓力。

為了能巧妙地生活在壓力適當的環境中，就必須讓自己做的每件事都不是無用功。也就是說，你要讓自己的努力透過具體成果展現出來。如此一來，周圍的人會表現認可，自己的自尊心也可以獲得滿足。然而，如果把你的成果交由旁人打分數，成果的影響範圍就會縮小，很容易讓你產生無力感，你也會喪失努力的原動力。

因此，首先你應把精力移動至自己影響的範圍內，再巧妙地發揮你的影響力，使他人感受到你的情緒能量。

嘗試著反問：「既然如此，你覺得這麼做如何？」

為了使正向的情緒進一步傳遞到對方的身上，你一定要清楚地了解對方，也必須了解自己，同時考慮雙方的思考模式後，提出具有創造性的建議：「既然如此，你覺得這麼做如何？」這才能算是真正進行了情緒能量傳遞。

情緒能量傳遞行為就跟挑食一樣，很多人會覺得「以前沒做過，所以不敢嘗試」。事實上，只要反過來思考就會明白根本沒什麼好怕的。當對方提出具有建設性且簡單易懂的方案時，我們不要斷然拒絕，考慮一下是不是對方幫我們考慮到自己沒顧慮到的地方。只要對方不是心胸狹窄、目光短淺的人，他應該也會覺得面對一個有話直說的管理者是件慶幸的事。

舉例來說，當我們在選擇下屬或合作夥伴等往來對象

時，通常會有「仔細挑選一個順眼的人」的想法。因為無論是下屬，還是有可能深交一輩子的合作夥伴，其實都是從無數的候選人中選出來的。在這些人選裡，有些人可能無論如何都跟你合不來，也有些人可能只是被動地反應。若勉強自己跟這類人交往，就算關心的範圍再大，你也無法將正向的情緒傳遞給他們，只會持續增加彼此的壓力罷了。

正因如此，你必須要明白：情緒能量的傳遞並非萬靈丹，因此，你應認清自己需要努力到何種程度，也要擁有超過這個程度就要放棄的魄力，這樣才能更好地發揮自己身上的情緒能量。

Part7　情緒感染：鍛造強大內心，遠離情緒汙染

立足情緒需求，理性溝通

　　假設你現在並不是一位高效能的管理者，而是一項新專案的員工。在這個僅有五個人的團隊中，為了早日達成工作目標，你每天都要工作 12～16 個小時。此時，你願意從團隊夥伴那裡聽到什麼樣的問題？

　　A. 這週你的工作能完成嗎？

　　B. 在本週 ×× 任務的最後期限到達以前，你有什麼需求嗎？

　　很顯然，後一種問法會讓你更願意接受，同時你也會注意到「最後期限」的時限問題，從而調整自我工作程式。

　　A 問題是封閉性的問題，它需要被提問人簡單地回答「是」或者「不是」，而無須闡述詳細內容或者表達任何情感。雖然這樣的回答可以給提問人肯定或者否定的答案，但是，這卻很容易激起回答者的緊張感與怒氣。

　　相比之下，B 問題便顯得柔和了很多。提問人肯定了被提問人已經完成的工作，並願意為其提供進一步的幫助。這一答案肯定比「是」或者「不是」的答案更好，因為它尋求的是更有價值的內容──雖然你依然需要花時間完成手頭的任務，但是，你會有一種自己被尊重的感覺。

為了追求更高的效能，你很可能並未意識到，自己的思維被固化了。隨著時間的推移，絕大多數的高效能人士會擔心發生一些事情，讓團隊內的其他人不高興，比如說最後期限來臨、決策錯誤、用人失誤等。久而久之，這種焦慮感會改變你與人對話的方式：你說話的句子會變短，需要對方立即給出答案。

理性的溝通會使我們重新建構情緒表達的框架。這種溝通也可以被稱為「善意溝通」，它的目的是讓員工獲得功能性的給予與獲取，如果練習得當的話，它可以取代大腦中下意識的反應。

理性溝通是一種像習慣一樣可以習得的溝通方式。不過，想要真正學會理性溝通必須要掌握以下四點：

學會細細地觀察

在有事情發生時，用眼睛去看，觀察在現在的工作環境中到底發生了什麼事情：他人說了什麼？他們的話語是否與行動一致？然後，你在腦子裡記下這些觀察結果，不必為它們定性，等到日後再判斷或者評估。

要注意，你要說出自己看到的內容，而不是腦海中想的內容，比如，你應說「我聽到他說……」，而不是「我認為他……」。前者是客觀事實的描述，而後者很可能是你透過想像杜撰出來的內容。

Part7　情緒感染：鍛造強大內心，遠離情緒汙染

在觀察時，人們往往會禁錮在預設的思維中。由於已經對看到與聽到的東西有了自己的判斷，因此我們往往會不由自主地在溝通中被預設的思維干擾。

情緒覺察

在衝突發生的當下，對自己的情緒展開自查，找出一些可以描述你當下感覺的詞語，比如，受挫、害怕、生氣等，找到那些可以描述你體驗的詞語，比如，「我感覺有些累，因為……」、「這件事情發生時，我感覺到……」。

如果在描述的過程中，你使用了貶低的詞語，說出了一些非親耳聽到的內容，那麼，這樣的詞語都是在暗示：有人在對你做一些不好的或者負面的事情。其實這些詞語對相互了解、促進衝突解決沒有絲毫好處。

找到能讓自己舒服的需求

根據你找出的描述情緒的詞彙，列出存在這些情緒的原因：例如，工作中哪些方面讓我感覺不舒服呢？是工作空間，還是工作上缺乏支持？然後寫出能夠讓自己保持積極、前進狀態的需求，比如，「因為我看重工作中獲得的快樂，所以我需要……」等，只有找到了能讓自己舒服的需求，才能真正對症下藥。

提出自己的請求

　　需求與請求實際上並不相同，需求是缺失的那一部分，而請求是你想要得到的那一部分。一般來說，透過提出請求，你會從他人那裡尋找到一些東西，並以此來使自己的工作、生活更加豐富。

　　想要讓自己的需求得到滿足，最好的辦法就是把握好問題的自由度與靈活度。比如，「我在考慮，是不是可以……」以及「不知道你願不願意……」等。

　　在這四個步驟中觀察是最重要的，因為從觀察到判斷往往就發生在一瞬間。舉例來講：「簡娜這一次開會又遲到了，事實上，簡娜在很多重要會議上都曾經遲到過。」這種想法是你的眼睛親自觀察到的結果，但是你很容易不小心掉入「簡娜不尊重自己的同事」或者「簡娜不重視自己的工作」的陷阱之中──這就不是觀察了，而是大腦自己做出的判斷。

　　如果想要闡述觀察的結果，那就必須要基於事實。只有所有人都認可的事實，才能讓你的觀察有益於效能提升：簡娜與你都認為她開會遲到了，這是客觀的、不容辯解的事實，但是，在你開始判斷簡娜遲到的原因以前，你應該給她一個機會來解釋。

　　你可以這樣說：「當你開會遲到時，我會感覺你對時間不夠重視。」、「當你開會遲到時，我會感覺你並不重視公司今

Part7　情緒感染：鍛造強大內心，遠離情緒汙染

年的首個開年大專案。」如此一來，便提供新的資訊給簡娜的空間與機會。簡娜也許會說：「對不起，因為一位重要的客戶對我們產品的售後服務品質不滿意，所以我遲到了，不好意思，給各位添麻煩了。」

當她做出了解釋後，你會發現：現在，團隊成員遇到了一個有礙效能提升的重要問題，眼下，你們可以一起來解決這一問題。

Part8
情緒選擇：
學會選擇情緒就能改變心境

有些人在情緒中感受到了生命的美麗，並將美麗帶到了世界上的每一個角落；有些人在情緒中受到了鼓舞，並將這種鼓舞帶給了所有與自己交流的人；有些人則在現實的打擊中不斷淪落，讓自己的人生充滿了黑色，也讓他人唯恐避之不及——你要選擇成為哪種人，你需要哪種力量來左右自己的人生，決定權在你手上。

Part8　情緒選擇：學會選擇情緒就能改變心境

狹隘的思維會帶來痛苦

你是否曾有這樣的情況：在學習生活中因為一點點挫折或失敗而寢食難安；聽到別人說你的壞話後長時間耿耿於懷；只和少數幾個想法一致的朋友交往；不願接受與自己意見有分歧或比自己強的人⋯⋯如果有的話，你很可能是個心胸不太開闊，有些狹隘的人。

所謂狹隘，即人們常說的氣量小。在思想上表現為：稍遇委屈或吃了很小的虧便斤斤計較、耿耿於懷。在行為上表現為：人際交往面窄，只同與自己一致或不如自己的人交往，看不慣那些比自己強的或與自己意見相左的人。

狹隘滋生了許多不良心理，諸如自私、攀比、嫉妒、猜疑、孤僻等。心胸狹隘的人，喜歡聽他人對自己的讚美，難以接受別人的批評。他們遇到挫折時，往往會怨天尤人，會將責任推給他人。因為心胸狹窄，他們在生活中極易與他人產生矛盾和衝突，甚至會有過激行為，對家庭和社會都會造成一定的傷害。

狹隘心理的危害如此之大，那麼，有什麼好辦法將其克服呢？

要想得開

他人對你存在非議,你大可不必理會。遇到困難了,忍一忍,再堅持一下,或許就有轉機。

要想得遠

把眼光放遠一些,告訴自己吃點小虧也不算什麼,這樣對整體、全域性有利的人與事就都能容納與接受。拋開「以自我為中心」,就不會遇事斤斤計較了。

要走出自己的小圈子,融「小我」於「大我」之中,廣結良緣

只有熱情、坦率地交友,虛心向別人學習,自己才能發展進步,也才能更深刻地了解自己和他人。

要學會忍讓

「忍一時風平浪靜,退一步海闊天空。」遇到衝突時,要退一步,即使自己有理,也不要咄咄逼人;即使他人犯了一些無法挽回的錯誤,也不應時時牢記在心,要學會忘卻。

狹隘往往使人偏見叢生,可能會把未來對你事業有所幫助的人推到敵對的立場。你要知道,在生活中矛盾與糾葛在所難免。很多時候,別人無意之中可能會侵害了你的利益或榮譽,傷害了你的心。此時,你要明白,怨恨幫不了你,只會使你在怨恨的泥淖中越陷越深,只有心胸寬廣才能讓自己釋然。

Part8　情緒選擇：學會選擇情緒就能改變心境

第一次登陸月球的太空人共有兩位，除了大家都熟知的阿姆斯壯（Neil Armstrong）外，還有一位是伯茲・艾德林（Buzz Aldrin）。當時阿姆斯壯所說的一句話「我個人的一小步，是全人類的一大步」早已成為全世界家喻戶曉的名言。

在慶祝登陸月球成功的記者會中，有一個記者突然問了艾德林一個很特別的問題：「由阿姆斯壯先下去，成為登陸月球的第一個人，你會不會覺得有些遺憾？」

在全場有點尷尬的氣氛下，艾德林很有風度地回答：「各位千萬別忘了，回到地球時，我可是最先出太空艙的。」他笑著說，「所以我是由別的星球來到地球的第一人。」大家在笑聲中，都給予他最熱烈的掌聲。

不記恨，你的胸懷才能坦蕩，否則，仇恨會將你變得面目可憎。遇到不如意的事，不要哭泣，不要抱怨，不要憤怒，而要去解決。對待一些委屈和難堪的遭遇，盡量用健康積極的態度去化解這一切。

在生活中，有些人心胸狹隘，處處傷人，結果和同事、朋友等都有矛盾，給自己生活帶來痛苦的同時也給別人帶去了傷害。拋卻狹隘，以一顆寬容的心去對待別人，才是灑脫明智之舉。

一個智者和一個朋友一起去旅行。經過一處山谷時，智者失足滑落，幸而朋友拚命拉他，才將他救起。於是，智者

在附近的大石頭上刻下了一行字：某年某月某日，某某朋友救了某某一命。兩個人繼續走了幾天，來到河邊，朋友跟智者為了一件小事吵起來，朋友一氣之下打了智者一個耳光，於是智者跑到沙灘上寫下了一行字：某年某月某日，某某朋友打某某一個耳光。有人好奇地問智者為什麼要把朋友救他的事刻在石頭上，而將朋友打他的事寫在沙灘上。智者回答道：「我永遠都感激朋友救我，至於他打我的事，我會隨著沙灘上字跡的消失而忘得一乾二淨。」

俗話說，「得饒人處且饒人」、「大肚能容，容天下萬事」。在現實生活中，人們之間難免會出現摩擦和衝突，如果互不相讓，得理不饒人，不僅解決不了矛盾，還會惹怒對方，引起更大的衝突。「人非聖賢，孰能無過？」生氣是拿別人的錯誤懲罰自己，而寬容則是自我解救的一種方式。如果一個人始終生活在憤怒當中，那麼他不僅得不到本應屬於他的快樂，甚至還會讓自己變得冷漠、無情和殘酷，後果是相當可怕的。

其實，寬容是一種境界，更是人生的一首詩。寬容的含義也不僅僅指人與人之間的理解和關愛，更是內心對天地間一切生命產生的博愛。告別狹隘之心，用寬容之心包容一切，是我們每個人生活中的一件大事，整天被不滿、怨恨心理所控制的人是最痛苦的。學會寬容，也就是學會了愛自己。

Part8　情緒選擇：學會選擇情緒就能改變心境

遠離過度情緒化行為

哈佛大學曾經調查過 1,600 名心臟病患者，並發現，他們中的某些人經常處於過度焦慮的狀態中，過度情緒化使他們的心臟比一般人更加脆弱，同時也使他們無力去承擔情緒所帶來的嚴重後果，並最終淪為情緒的奴隸。

情緒化主要是指由於受到了某件事或者某些人的影響，過於讓自己隨著喜怒哀樂來做事，主要表現為容易激動、做事總是不想後果等。有些人會誤將衝動認為是力量，但事實上，衝動的情緒是最無力的情緒，同時也是最具有破壞力的情緒，許多人都會因為情緒過於衝動，而讓自己做出後悔不已的事情。

在 1963 年的某個炎熱午後，查理·羅伯斯決定再做自己人生的最後一票。由於沉溺海洛因的緣故，羅伯斯曾經行竊不下百次。當時的他正處於假釋出獄期間。他向法官保證，自己將會改過自新。但是，他的孩子與老婆需要生活費。

當天，在他行竊的公寓裡住著兩名年輕的女子，她們分別是在《新聞週刊》工作的珍妮絲和她的小學老師艾米麗。當時羅伯斯特意挑選一處高級住宅區，是因為在這個上班的點上，不會有人在家。但沒有想到的是，那一天，珍妮絲並沒

有去上班。羅伯斯拿著刀子威嚇這個可憐的女人,並且還將她綁了起來,不過當時他還並沒有殺害她的想法。當他搜刮完畢,準備離開的時候,恰巧艾米麗也回來了,羅伯斯也將她綁了起來……

多年以後,羅伯斯再次回憶起自己情緒化的那一瞬間,依然記憶猶新。當時,珍妮絲威脅他:她會永遠銘記他的長相,而且一定不會放過他,並會協助警方將他逮捕。羅伯斯一聽這話便驚慌了起來。他的身體在盛怒與恐懼之下失去了控制,他抓起了汽水瓶將兩個女人打昏,驚怒下又將她們亂刀砍死。

這件命案曾經轟動一時,被媒體稱為「上班女郎命案」。在監獄中的 30 年時間裡,羅伯斯一直在後悔當時的行為。

有些人只要情緒一來,便會陷入什麼都不顧的情況,什麼難聽的話都敢說,什麼傷人的話都敢罵,甚至還會在衝動的情緒下做出嚴重的違法亂紀行為。

一般而言,人的情緒化行為會呈現以下特徵:

行為的無理智性

人與其他動物的最大區別就在於:人的行為具有理智性。但是,當陷入過度的情緒化中時,人往往會表現出跟著感覺走、跟著情緒走的狀態。在這一時段內,他們的行為總是顯得不夠成熟,過於浮於表面。甚至有時候,還會表現出對他人的過度依賴。

Part8　情緒選擇：學會選擇情緒就能改變心境

行為的衝動性

人的行為本身應受到意識能動性的調節與支配，個人的情緒化行為可以充分地反映出個人意志控制能力的強弱。一遇到什麼不稱心與不順意的事情時，某些人便會像被打足了氣的球一樣，立即讓自己爆發。帶有極強感情色彩的行為會非常有力量，一旦緊張性被釋放，其衝動性行為便會隨之到來，而這種衝動性行為往往會帶來某種極為嚴重的破壞性後果。

行為的攻擊性

過度情緒化的人忍受挫折的能力極低，很容易將自己受到挫折時產生的憤怒情緒表現出來，並不斷地向他人發起攻擊。這種攻擊，並不一定會以行為動作的方式出現，也可以以語言、表情的方式出現：如不明不白地諷刺與挖苦他人、故意讓他人下不了臺、在臉色上讓他人難堪等。

也正是情緒性行為的上述特點，使得這種人往往會成為社會的不穩定因素。想要控制自己的情緒化行為，你應該：

控制自我欲望

人的情緒化行為大多與自我欲望得不到滿足有著密切的關係，一旦欲望與行為連繫在一起，個人行為便會突顯出簡單、淺顯的一面。人在「索取多、付出少」這樣的非正常心態下，很可能會產生情緒化行為。因此，學會降低過高的期

望,學會正確認識「付出與收穫」的關係,才能防止情緒化行為的出現。

提高自己的自控能力

情緒化的行為與自控能力的高低也有著直接的連繫,而自控能力的高低其實就是個人成熟度的關鍵指標。強化自控力可以使行為變得更加理智,而有效地培養自控能力有兩個途徑:培養延遲滿足感,盡量使延遲滿足的結果比即時滿足的結果更令自我得到豐富;培養應對挫折的能力,需要無法被滿足便會形成挫折,平日裡,個人應該透過改善情境、降低期望值等手段,來降低挫折誘發的情緒化傾向,從而間接提高自控水準。

當個人處於困境中時,很容易會產生不良情緒,而且,這種不良情緒在長期壓抑的情況下,很容易產生情緒化的行為。人要學會正確地宣洩不滿,才能讓自己有效地擺脫痛苦。

Part8　情緒選擇：學會選擇情緒就能改變心境

告別恐懼，有時只需要信任

　　身為情感動物，人類需要情感的溫暖與撫慰。人與人之間的情感交流，是個人幸福與快樂的重要媒介，更是整個人類社會賴以生存與發展的基礎。作為社會中的自然人，每一個人都有義務去相信他人，也有權利受到他人的信任。因此，人與人之間的相互信任應該是情感交流的出發點與落腳點，而在這一過程中，慎重的判斷與選擇是必需的，考核與驗證也是一種必要。

　　在哈佛的課堂上，一名教授曾經為自己的學生上過一堂有關信任的課程。

　　教授問所有在座的學生：「什麼才是人與人之間真正的信任？」同學們給出了五花八門的答案。教授在聽到這些見解以後，並沒有發表自己的看法，而是將話鋒一轉，突然向同學們解釋起了物理學上著名的「鐘擺原理」：鐘擺總是由最高點往下運動的，它來回擺動的高度絕對不會高於這一最高點，由於重力與摩擦力的影響，它的擺動幅度也會越來越小，直到最後完全處於靜止狀態。

　　這一理論對於在座的哈佛學子們而言，當然是最基本的物理原理，他們也完全明白。

此時，教授向大家發問：是否相信他，是否相信鐘擺原理。所有的同學都舉手說自己相信。在得到了同學們的肯定回答以後，教授讓人從外面抬入了一口碩大的鐘，並讓人將它懸掛在了教室的鋼筋橫梁上。接著，他請一位同學坐到了椅子上，教授將大鐘推到了距離這位同學的鼻子只有 2.5 公分的地方。在一切就緒以後，他再一次解釋了鐘擺原理，同時指出：「這口大鐘的重量為 123 公斤，我在距離這位同學鼻子 2.5 公分處將鐘擺放開，當鐘擺再次擺回的時候，離他的鼻子只會有 2.5 公分的距離，當然，鐘擺絕對不會撞到他！」

隨後，教授看著那位同學問道：「你相信這一原理嗎？你信任我嗎？」那位被選中的同學雖然面色緊張，但最終點了點頭。

當教授放開了鐘擺以後，伴隨著呼呼的聲音，這一龐然大物從最高點向著斜下方迅速墜落，擺向了另一邊。在到達另一端的最高點以後，又突然往回擺動，不斷逼近那位同學坐著的地方。

在幾十雙眼睛的注視下，這位同學大叫一聲，在鐘擺還未靠近自己的時候，從椅子上一躍而起，避開了那個似乎要將他撞得頭破血流的重物。隨後，大家看到，鐘擺在離椅子不遠的地方停住了，接著又擺了回去。所有人都可以看到，鐘擺根本不會撞到那個同學 —— 如果當時他還坐在那裡的話。

Part8　情緒選擇：學會選擇情緒就能改變心境

此時，課堂上一片寂靜，教授問道：「請問，他是否相信鐘擺原理？是否相信我？」所有人都回答道：「不！」

也許，從這個故事中，你會對「什麼是信任」擁有新的理解。信任是一種生命的感受，更是一種高尚的情操，同時也是一種連線人與人之間關鍵連繫的紐帶。但可悲的是，在這個欲望橫流的年代裡，情感的交流逐漸地演變成了利益上的交換，彼此信任也變成了極其奢侈的事情。

在過去的多年裡，人類文明一直對信任的作用給予極高的評價，將信任譽為是維持經濟之輪不斷向前、增進人際關係的強效潤滑劑。但是，在如今的商業世界中，欺騙與貪婪早已走出了人們的想像，我們應該如何在這樣的一個世界中信任他人呢？

從小事做起

所有的信任都不可避免地會帶來風險與危機，你所要做的就是將風險保持在合理的水準上。你可以從一些培養互惠關係的小舉動開始，逐漸地建立起牢固的互信關係。在1980年代裡，惠普公司（Hewlett-Packard Company）曾經推出過一項這樣的舉措：允許工程師們在必要時將公司的裝置帶回家中使用，而無須透過各種複雜的手續。公司在此舉中表現出了強烈的信任，而員工們也給予了令人滿意的回饋：沒有人辜負這種信任。

發出更強而有力的訊號

想要他人信任自己,你需要發出更清楚的訊號,以讓他人明瞭,自己是誠實的、可靠的。與此同時,我們還應回擊那些背信棄義的舉動,讓對方知道我們並不是軟弱可欺的。

保持長期的警覺

許多人在交往初期都會考察對方的可信度,但問題的關鍵在於,他們並沒有將這種考察持之以恆。而這一切僅僅是因為他們認為:對自己信任的人還要質疑,會讓自己在心理上感到不自在。但事實上,若事情關係到我們的身心健康與財務安全,這樣的警覺就是非常必要的。

不管是在何種人際關係中,信任總是建立良好人際關係的重要基石,它讓我們擁有勇氣去面對一切未知事物,更有勇氣去抗擊恐懼。但是對於個人而言,誤信他人則有可能導致極大的麻煩。想要讓信任變得更安全,你便要學會正確而聰明地運用信任,而這種信任往往需要你保持足夠的謹慎才能獲得。

Part8　情緒選擇：學會選擇情緒就能改變心境

不好的事情總是被壞念頭吸引

　　日常生活中經常會遇到這種情景：走路時碰巧遇到朋友，你去跟他打招呼，他卻沒有理你。你可能會認為他瞧不起你，也可能會認為他著急去做某件事而沒有注意到你。前面一種想法，會讓你覺得自己受到了輕視，從而產生不愉快的情緒。

　　人的情緒反應，完全取決於人內心的念頭，所以千萬不要讓不好的事情被壞念頭吸引，要做一個樂觀向上的人。

　　頭腦中一閃而過的念頭在心理學上稱為自動化思考。大部分時候，人意識不到自動化思考的存在，它卻決定著人的情緒和行動。人類自動化思考的活動方式可以用ABC模型來表示：A指情境，B指認知，C指行為。通常情況下人能夠看到情境A和行為C，卻覺察不出潛在的認知B。人通常認為是情境本身引起了情緒和生理反應，但事實上是在自動化思考的指導下，人對情境的解釋所引發的。

　　在遇到不好的事情時，人對情境的解釋，很多都是消極的非理性信念。在心理學上，消極的非理性信念是指人們常常把一些有害的、歪曲的想法，作為一個不容辯駁的真理來對待。在遇見不好的事情時，消極的非理性信念就會馬上跳

出來，從而讓人失去辨別是非的能力。

有一個青年，他揚帆出海到另一個地方去。但不幸的是，在船快要到達終點時，海上突然颳起了暴風。船無法承受這麼大的暴風，在巨大的風浪中沉了下去。不過老天爺對他還算優厚，這位青年並沒有死而是被巨大的風浪衝到了一座荒島上。之後的每一天，他都翹首以盼，希望有船來能將他救出。然而，隨著日子一天天地過去，他始終沒有見到船的影子，也漸漸對此不再抱有希望了。為了活下去，他不得不砍來一些樹枝，簡單地搭建了一個躲避風雨的「家」。

有一天當他外出尋找食物時，竟忘記了熄滅「家」中的火，在他走後，一場大火頃刻間把他的「家」化為了灰燼。等他回來時，看到的只是滾滾濃煙消散在空中，他悲痛交加，眼裡充滿了絕望，覺得自己再也沒法活下去了。當他還沉浸在痛苦中時，一艘大船駛來，船員把他救上了船。他十分好奇自己是如何被發現的，就向船員問道：「這麼長時間了都沒有人發現我，你們是怎麼知道我在這裡的？」船員回答說：「我們看見了熊熊燃燒的大火，料想這裡可能有人被困，就把船開了過來，等船到岸邊時就發現了你。」青年聽後，簡直不敢相信竟是那場大火救了他。

其實想一想，人世間的許多事情不也是同樣意想不到嗎？恐怕連他自己也不會想到，一場災難居然招來了幸運之神，所以，遇到不好的事情時不要總是被壞念頭吸引，要往

Part8　情緒選擇：學會選擇情緒就能改變心境

好的方面想，要相信上帝在關上一扇門的時候，一定會為你開啟一扇窗。

為了不讓不好的事情被壞念頭吸引，應該怎麼做呢？

保持樂觀向上的心態

人生的成功與失敗、快樂與憂愁、幸福與痛苦，都是由人的內心決定的。消極心態像一劑慢性毒藥，會摧毀人的信心，使希望泯滅。看不到希望就不會有動力，就會離成功越來越遠。在痛苦、失敗、憂愁面前，只有保持積極向上的心態，控制好自己的情緒，理智做事，這樣才能點燃希望之火，才能有機會轉危為安。

擁有正確積極的信念力

信念力可以成就一個人，也可以毀滅一個人。所以，要擁有正確的、積極的信念力，摒棄消極的、不利的信念力。當遇到不好的事情時，信念力可以指引我們正確行動，挖掘自己的內在潛能，從而妥善解決人生中遇到的各種難題。有什麼樣的人生完全取決於自己。當人們與正確積極的信念力並肩前行時，就會擁有快樂美好的人生。

擁有對抗逆境的勇氣

「逆境」帶給人們磨難和痛苦，更帶來失敗和消極。逆境並不是某個人的專有名詞，而是屬於大眾的。在面臨逆境

時不要退縮，要擁有對抗逆境的勇氣，要始終相信自己的能力。一個人成熟的標準就是能夠有勇氣面對一切事情，不會選擇逃避更不會退縮。

其實，「悲觀看福」是一種比「樂觀看福」更難培養的心態。很多人在災難面前往往會被壞念頭吸引，只能看到禍害中的悲慘，很難從另一個側面看到悲慘背後的萬幸。人們常說一句話：「凡事有弊必有利。」我們在不好的事情面前不要總被壞念頭吸引，要往好的方面去想。「絕處逢生」不是一個不能實現的名詞，只要找到突破口，任何困難都會有轉機。

Part8　情緒選擇：學會選擇情緒就能改變心境

熱忱可以幫你戰勝苦悶

　　人際關係大師卡內基對熱忱抱有極高的評價：你若有信仰，你便年輕，疑惑便年老；你若有自信，你便年輕，畏懼便年老；你若有希望，你便年輕，絕望便年老；歲月使你的皮膚起皺，但是若是失去了熱忱，你便損傷了靈魂。哈佛教授奧里森・馬登（Orison Marden）也曾經說過：「讓自己滿懷熱忱地面對生活，是你在做任何事情時都必須具備的特質，因為唯有熱忱，你才能全身心地投入，才能將事情做好。」可以說，在哈佛中，熱忱是一種備受推崇的情緒，所有的哈佛學子都認為：若你期望獲得這個世界上最大的獎賞，你便必須要擁有最偉大的獻身精神。

　　美國波士頓有一支並不太出色的棒球隊，一直以來，他們只擁有極少的觀眾，對他們表示支持的力量也非常少，由於缺乏動力，他們的表現也總是差強人意。後來，這支球隊轉到了密爾沃基，這裡的市民對這支新來的球隊表現出了令人難以置信的高漲熱情，每一次比賽時，整個棒球場裡面都擠滿了人，大家對這支隊伍表現出了特別的關心，而且一致相信，這個隊一定能夠在日後的比賽中獲得勝利。

　　市民的信任與熱情令這支棒球隊受到了極大的鼓舞。那

一年，他們的表現極為出色，次年，他們便榮登了美國棒球聯賽的冠軍位置。觀眾給予的熱情為這支棒球隊注入了全新的血液，使他們創造了奇蹟。

與其說成功是由個人決定的，倒不如說它是取決於個人的熱忱度。這個世界總是會為那些具有極強自信心與使命感的人大開綠燈。因為一直到生命終結為止，他們的熱情也不會減少。不管在未來出現了怎樣的困難，也不管前途看起來是多麼黯淡無光，他們總是堅信，自己擁有將心目中的理想圖景進一步變為現實的能力。

熱忱是一種能夠分享、可以複製的精神，是一項分給別人之後反而會增加的資產。你付出得越多，便會得到越多。生命中最為巨大的獎勵並非來自財富的累積，而是來自由熱忱所帶來的精神上的滿足。那些可以將自己的人生經營得極為出色的人，都擁有對生活、對事業的極度熱忱。即使將兩個擁有完全相同才能的人放在一起，最終獲得成功的人也只會是那個更具有熱情的人。一方面，熱情是一種自發性的力量；另一方面，它也可以幫助你集中全身力量去投身於某一事件，令你獲得持續不斷的動力。

面對現實殘酷的打擊，我們難免會因為身心過度疲憊而失去對生活的興趣，那麼，究竟怎樣才能讓自己在獲得充沛精力的同時，以最大的激情去面對生活呢？下面是幾種能夠讓我們有效保持激情與熱忱的方法：

Part8　情緒選擇：學會選擇情緒就能改變心境

隨時保持積極樂觀的心態

當一個人在開心的時候，身體裡面也會隨之產生一種神奇的變化，我們就可以從中獲取更多的動力和力量。只有隨時保持積極樂觀的心態，才可以在工作中精力充沛、充滿激情，才能更好地實現每一個目標。

要調高自我的視線，將自我目標放遠

在日常工作中，很多人總是達不到自己所追求的目標，原因就在於他們給自己定下的目標不是太小，就是太過模糊不清，以至於失去了自己前進的動力。所以，如果你當前的目標已經不能再激發出你的想像力，那麼目標的實現同樣也會變得遙遙無期。因此，只有為自己確立一個宏偉而又實際的遠大目標，才會真正激發出你的全部活力。

根據工作頻率，為自己做好調整計畫

現實生活的道路並非都是平坦大道，它總是會呈現出一條波浪線，有起也有落，工作也是如此。你可以為自己規劃一個合理的時間表，並清晰標出留給自己放鬆和調整的時間。因為只有當你為自己安排好合理的休整點，你才能在自己處於事業動盪期時，仍然能滿懷激情地面對工作。

時刻擁有良好的感覺

很多人普遍認為，一個人在工作中達到某個目標的時候，身心就會感到無比愉悅。也就是說，面對工作時，我

們要讓自己先擁有良好的感覺，這樣才能在塑造自我的過程中，時刻保持積極樂觀的心態，讓激情源源不斷地呈現出來。

要勇敢地競爭，快樂地競爭

競爭可以帶給我們很多寶貴的經驗，無論你是一個多麼出色的人，都要時刻記得「人外有人，天外有天」的道理。或者說，你需要學會謙虛，在更深層次認識自己的同時也要努力勝過別人。而且要以快樂的心態去面對競爭，因為任何時候超越別人遠遠沒有超越自己更重要。

其實，讓生活時刻保持興奮狀態，關鍵就在於個人是否擁有熱忱，唯有當你滿懷激情地投入到生活中時，生活才會回饋給你相應的利益與快樂。所以，別畏懼激情與熱忱，讓自己加入對生活保持積極的狀態中來吧！若有人以半輕視、半憐憫的語調將你稱為狂熱分子，就讓他去說吧！因為全身心投入生活所贏得的奇蹟永遠屬於那些保有熱忱的人。

Part8　情緒選擇：學會選擇情緒就能改變心境

用調整代替排斥，讓緊張變成謹慎

你因為在入職以後業務量遙遙領先於他人，所以一向都是公司裡的佼佼者。在眾人的認可中，你一直自信而樂觀地活著。上班時，用積極的工作態度去面對一切；下班之後便去參加各種培訓課程來提升自己的能力。但近段時間，你卻發現自己陷入了一種經常性的緊張之中。

公司裡新應徵來了一批頂尖大學的實習生，對於你所在的這種大型外企來說，徵才是經常進行的。可是，一次性地聘任如此多的名牌院校生，這還是你入職以來的第一次。公司規定，若是實習生在實習期間表現出眾的話，便能夠直接簽約入職，所以他們在工作中表現得非常積極。這使你一下子感受到了前所未有的壓力：你本身就對自己是一名普通大專生而感覺自卑，總公司一下子招入這麼多大學生，很明顯是為了使日後的幹部儲備更加優秀。一想到升職又變得阻力重重，你便再不能平心靜氣地專注於本職工作了。

看著身邊的競爭對手越來越多、越來越出色，你發現，自己現在很容易出現情緒上的反感。因為經常擔心無法完成規定的工作量，你開始經常性地加班。可這種加班非但沒有讓你獲得安全感，反而讓你在白天變得精神狀態更不佳。

心理長時期處於緊張情緒之下，你終於在一件小事上徹底爆發了：在面對一名實習生的小錯誤時，你小題大做地向對方表達了自己的不滿。雖然這位實習生表面並沒有說什麼，可是，在私下裡，大家卻都開始議論起你最近的反常行為了。你也知道自己再這樣下去就完了，可是，你卻並不知道該如何緩解這種緊張的情緒。

面對這種情況，我們應該怎麼辦呢？

擺脫身上的「蔡氏效應」

「蔡氏效應」是指在職場中，人們因為面臨了過大的壓力而出現的過度緊張的情緒。這一說法來源於法國心理學家布盧瑪‧蔡加尼克（Bluma Zeigarni）：他曾經將一批學生分為兩組人，並要求他們在相同的時間裡去完成同樣數目的工作。一組人由於干擾而未能完成工作，而另一組人則在安靜的環境中順利地完成了工作。在實驗結束時，那些沒有完成工作者的緊張情緒依然存在，而且在之後的幾個小時裡，依然被未完成的事情困擾著。這種在面臨各種事務時產生緊張情緒的現象被稱為「蔡氏效應」。

對於承受壓力能力相對較差的人們來說，「蔡氏效應」在他們的身上表現得更為突出，工作與生活中急待解決的問題都在無形之中增添了無數的壓力。經常處於「蔡氏效應」的控制之下不僅會讓你面臨更多的生存問題，更會使你喪失掉原

本擁有的自信心。想要改變這種不良狀態,你必須要學會擺脫身上的「蔡氏效應」。

想像自己被藍色的氣球所包圍

面對緊張的最好方法,並非一直強調「不緊張」。因為「緊張如潮,越堵越高」,一味地抵抗與排斥緊張只會讓它變得越來越猖狂。其實,在遇到令自己緊張的情況時,想要正確地調整緊張,你可以嘗試從想像色彩開始。

人們一貫認為,藍色所代表的是寧靜與保護。當你遇到了令你緊張的人或事時,不如想像一下,你整個人正在被藍色的氣球包裹著,這可以阻止你的積極性被外界負面環境破壞。當你因為受到過大的壓力而感覺到焦慮時,這種想像更能夠大大減少你的不適感。

掌握「7-11」呼吸法

這是一種極為簡單的舒壓方法,常常被用來解決那些因為情緒過度緊張而造成的呼吸急促問題。你應緩慢而穩定地吸氣,同時,讓自己從1數到7,然後,再慢慢地一邊從1數到11,一邊吐出氣體。持續運用此韻律來吸氣與吐氣,直到你的呼吸變得順暢,你的情緒變得平和為止。

利用平日裡的制約反應

心理學家證實,經過了一定的訓練以後,人的身體會在受到刺激時引發連鎖反應。在情緒的轉換中,它可以成為改

變緊張的有效途徑,具體方法是:當你感覺到快樂或者輕鬆的時候,試著記住這一時刻的情緒,同時,捏一下自己的耳朵,或者雙手合十,直到動作熟練到你可以在快樂時直接想起這一動作為止。如此一來,當你緊張時,只要做一下這個特定的動作,你的潛意識便會自然連繫到快樂的心理狀態。

總是處於緊張情緒之下會使人產生各式各樣的過激行為,對個人健康有害無益。人只有學會擺脫緊張情緒的控制,學會放鬆自己,才有利於發揮潛在能力。而有學者證明,經常自我放鬆不僅會使自己的精力充沛,還能使情緒恢復到最佳狀態;而在放鬆的精神狀態之下,人的記憶力與思維能力是最強的,身體的潛能也可以被完全地激發出來。

Part8　情緒選擇：學會選擇情緒就能改變心境

學會接受平庸

單就透過情緒排遣來進行自我療癒來說，它通常是不足以克服無能為力這種常態的。你不得不向心理醫生求助，因為你在每次上交工作前總是感到莫名的恐慌。你的問題在於完美主義，比如，你希望自己的報告得到每一個人的認可，你希望自己變得更優秀。你也曾經暗示過自己，不要去追求完美，但是，你一直沒有克服這一問題。

其實，要求自己完美並沒有錯。但是，因此而讓自己陷入瘋狂而無用的努力之中的話，那麼你就需要更謹慎地對待它了：「完美」是人的終極幻想，在宇宙中它並不存在，你越是爭取完美，就越是會陷入失望。

相比之下，「平庸」是另外一種幻象，它是一種善意的欺騙，一個有益的建議。你應該讓自己去嘗試一下平庸，哪怕只有一天。如果你這樣做了的話，可能會發生兩件事情：首先，作為一個「平庸」的人，你不必非常成功；其次，你還是會從你所做的事情當中獲得足夠的滿足，而且如果你一直這麼「平庸」下去，你的滿足感會成倍地成長，並且最終會滿懷喜悅。這就是我們想要去談論的主題：戰勝完美主義並且學會享受純粹快樂的人生。

面對自己的恐懼

你或許還沒有意識到恐懼其實是由完美主義引起的。恐懼會促使你強迫自己把事情做到極致。如果你選擇放棄完美主義，開始的時候你可能必須要面對這種恐懼。

有一種征服這些恐懼的方法被稱作「反應預防法」。這一基本原則非常簡明：你要嘗試著拒絕屈從於完美主義的習慣，並允許自己充滿恐懼和不適。

你要堅持這一點，不管你有多難過，都不要放棄。你要一直堅持下去，直到你的不安達到頂點。經過一段時間後，強迫症狀就會消散，最終徹底消失。

舉一個簡單的例子：假定你有反覆檢查房門鑰匙或車鑰匙的習慣，檢查一遍肯定是對的，但是反覆檢查則是多餘的。你可以把車開到一個地方停下來鎖上車門，下來散步，如果不再檢查車門，你可能會感到不安，你會盡力說服自己回去「確定一下」。但你要記住千萬不要這樣做。

通常情況下，一次這樣的行為就足以永遠地打破你的習慣，當然你或許還需要多次這麼做。許多壞的習慣都是這樣養成的，這種壞習慣包括檢查的慣例、清潔的習慣等。如果你已經準備好打破這種傾向，也願意打破這種傾向，你會發現「反應預防法」會非常有用。

Part8　情緒選擇：學會選擇情緒就能改變心境

為自己做好心理預設

在進行某事之前，你很可能會為自己定下「成功」的目標，但這樣的目標往往會讓你變成潛在的「完美主義者」。你已經為這次行動定下了「必須要成功」的目標，而這種目標會帶給你巨大的無形壓力。由於只關心事情的結果，你會變得非常緊張，你會全神貫注於一件事情：眼下的動作或事情有助於事情的成功嗎？如此一來，你就會將來自他人的不良回饋都當成一種危險，而整個過程也會因此而變得不愉快起來。

所以，在做事情——比如找工作的過程中，不要將「找到工作」當成你的目標。你是否被聘用，結果取決於很多因素，而這些因素並不是你所能控制的。比如，有很多應徵者的學歷很高、有人脈可以幫助他們等等。

事實上，你可以盡可能地將想法放在自己有可能「被拒絕」的結果上。按人力資源管理界中得到的平均數來算：每得到一份工作都需要 10～15 次的會面，這就意味著，你為了找到你想要的工作，你得出去接受 10 到 14 次的拒絕！所以，你可以每一天早上都對自己說：「今天我要盡可能被拒絕。」每一次你被拒絕後你都可以說：「我成功地被拒絕了。這讓我又朝目標近了一步。」

為自己的生命負責

為自己的生命負責有助於你改變自己對完美的執著。它意味著,你可以專注生命,享受生命。

如果你是一個完美主義者,那你可能就是一個因循拖延者,因為你總是想把事情做得很徹底。保持快樂的祕密就是設定適度的目標來完成它。如果你願意痛苦,那你大可以堅持你的完美主義和因循拖延態度。

如果想改變,那就應該計劃每一件事情要花的時間。不管你是否完成了,只要一到時間就馬上撤出來,然後著手另外一項工作。如此堅持下來,你的滿意度不僅會提高,做事的效果也會得到改善。

完美主義是創造力、生產力以及清醒頭腦的最大敵人。在《創作,是心靈療癒的旅程》(*The Artist's Way*)一書中,作者茱莉亞‧卡麥隆寫道:「完美主義其實是導致你止步不前的障礙。它是一個惡性循環 —— 一個強迫你在細節裡不能自拔,喪失全域性觀念又使人精疲力竭的封閉式系統。」接受平庸的人生常態,你將會告別步履維艱的狀態,並獲得更平靜的生活。

Part8　情緒選擇：學會選擇情緒就能改變心境

Part9
情緒與壓力：
舒緩壓力，緩和緊張情緒

隨著社會的進步、生活和工作節奏的加快、日趨激烈的競爭，人們的壓力也逐漸加大。壓力好似一根繃緊了的琴弦，如果琴弦繃得太緊，則容易拉斷；如果琴弦放得太鬆，則彈奏不出音樂來。長期處於緊張的壓力下，人會出現神經衰弱的各種症狀，如煩躁不安、精神倦怠、失眠多夢等精神官能症狀，以及心悸、胸悶、筋骨痠痛、四肢乏力和性功能障礙等其他症狀，甚至可能引發許多疾病。面對接連不斷的壓力，我們必須做出反應，竭盡全力將壓力排出體外。

Part9　情緒與壓力：舒緩壓力，緩和緊張情緒

壓力來自欲望，而非生存

在美劇《慾望城市》(Sex and the City)中，有這樣一句臺詞：「站在高跟鞋上，我才能看到真正的世界，令腳不舒服的，並非鞋子的高度，而是欲望。」對於現代人來說，我們的收入、我們所擁有的一切很可能早已滿足生存的需求，但是，隨著生存標準的逐漸升高，我們的欲望越來越強烈，我們對人生的不當渴求越來越多，從這一點上來說，壓力來自欲望，而不是生存。

在美國著名的 The Outline of Science 開篇頁上，記錄著一位科學家對動物心理的研究，他的主要研究對象是猩猩與猴子。他拿來了一個極高但口徑極小的玻璃瓶，拔掉木塞後，放入了兩粒花生米。

花生米落在瓶底，從瓶子外面可以清晰地看見。猴子接過瓶子，拚命地亂搖，偶然間可以搖出花生米，才能取食。

接著，科學家又將兩粒花生米放入瓶中，並教猴子將瓶子倒轉過來──顯然，這樣可以更方便、更快速地吃到花生米。可惜，猴子始終不理會那一套，每一次都一通亂搖，花費許多力氣，還不一定能夠吃得到。

為什麼猴子不肯按科學家的指點去做？不為別的，猴

子眼中此時只有花生米,在求取急切的情況下,它根本無暇學習。

我們常用目標來對自己鼓舞,這本沒有錯。但不可忽視的是,有時候,這種目標會化成一種強烈的欲望。有時候,我們甚至會因為欲望的膨脹,而埋怨成功來得太慢。我們常常希望一步登天,卻往往因為缺乏了前期的付出與磨礪,而離成功越來越遙遠。

學會克制自我欲望,是一種高貴的品格,人類一切美德的根本展現,便在於自我克制。若一個人僅由自我本能與激情來支配的話,那麼,他便極易喪失道德上的行動能力,甚至會淪為強烈的個人欲望的奴隸。因為有了道德戒律與自我克制的存在,人才能夠抵制本能的衝動。也正是透過抵制這種本能的欲望,人才把握了自我發展的主動權。所以,是自我克制能力將純粹的物欲生活與道德生活區分開來了,同時,也正是自我克制能力,進一步建構起來了所有高尚品德的主要基礎。

若是無法堅決地克制自我欲望,並且無法使自己擺脫欲望的控制,那麼,人類的靈魂便會被欲望這個魔鬼進一步控制。那些在賭場上賭紅了眼的賭鬼、那些因對不勞而獲過度痴迷的惡棍、那些因為酗酒、吸毒而導致妻離子散的流浪者⋯⋯所有這些人,都是因為欲望而非生存而墮落的,因為他們的靈魂早已不屬於自己,而讓他們失去靈魂的,正是對

Part9　情緒與壓力：舒緩壓力，緩和緊張情緒

欲望的不加克制。

不管是在生活中的哪個方面，包括愛情、事業，放任自我欲望無限膨脹，都是一種既傷人又傷己的生活方式。學會如何去克制自己的欲望，是人生中最重要的功課之一。

如何去駕馭與克制自己的欲望？對於普通人來說，學會克制，是獲得更好生活、擁抱更美好的自我的最主要途徑。

養成良好的習慣

當欲望無休止地膨脹到一定的程度時，除非人們擁有非同一般的決心與毅力，否則便無法擺脫欲望的控制。擺脫欲望控制的最簡單途徑就是，讓自己養成良好的習慣，在壞的品性還未形成習慣前，便將其徹底地根除。

學會選擇

欲望所帶來的並非全都是壞處，一些正當的欲望，可以使我們對生活充滿挑戰的勇氣。當你發現自己出現了欲望時，你應選擇自己最需要、對自我生活有正面作用的欲望，來牽制其他欲望。

你可以將自己的欲望清單列出來，要知道，其中的內容你不可能每一個都要得到。你必須要很清楚地明白，自己到底最需要什麼，不要盲目地去追尋一些東西。要知道，有些時候，少一些選擇，反而會讓你擁有更多的選擇。

抽出時間去抵制

如果你當真已經受到了欲望之魔的蠱惑,被貪婪所控制的話,也不要自暴自棄,那樣,只會令你更快地失去自我。此時,控制欲望的最好方法就是,讓自己花上一段時間,去克制、去戰勝自己的欲望。隨著時間的流逝,習慣會逐漸地被培養起來,而緩解欲望的症狀、斷絕欲望的想法便會變得越來越容易。

將欲望運用到其他行為中去

其實,我們對欲望的衝動,還可以運用到其他行動中去,這種運用與實踐,幾乎能夠改變我們的本性。若是我們能夠將其運用於正向的事情中,如思考、慈善、節約與運動,便能夠從諸多的煩惱中解放出來。學會盡量下意識地運用良好的習慣來代替過去沉迷的欲望,並且毫不拖延地從今日開始做起,然後每日持之以恆,這些好習慣便會成為我們品格中無法分割的一部分。

將自律寫入自我品格中去

每一個人都有各式各樣的欲望,而自律是控制自我欲望的最可行途徑。在生活中,保持自律的生活習慣,晚上按時睡覺,每天同一時間起床,按時用餐,準時上班,而不是讓自己成為不良嗜好的犧牲品。要養成淡泊的習慣,學會自律地生活,既使你的享樂是無害的,也不要讓自己整日去依戀

Part9 情緒與壓力：舒緩壓力，緩和緊張情緒

這些享樂，如此，你便會獲得思想上的寧靜，便會讓心不再迷失於外部世界。

如果你能夠從現在開始，學著克制自己的欲望，下一次，你便會感覺，這種克制並沒有那麼難，慢慢地，你便會習以為常，因為習慣是一種能夠改變自我氣質的神奇氣量，它能夠令魔鬼主宰人類的靈魂，也能夠將魔鬼從我們的心中驅逐。

疲勞狀態下，人更容易失控

亞力已經好幾個月都感覺到疲憊了，早上不想起床，整日提不起精神來，不想與人說話，就連最能讓他的績效提高的客戶都懶得見了——這在往日裡，可是亞力最喜歡的工作。談起自己這幾個月的疲憊，亞力說，哪怕一整天無事可做，也會感覺到自己的肌肉與關節在痛。

如果只是自己身體有疲憊感還好，但更令人感覺麻煩的是，亞力最近發現自己越來越難以控制情緒了。就在昨天，他還因為部門採購沒有購買他習慣使用的原子筆而發了一通火。類似這種雞毛蒜皮的小事，越來越能激起他的不滿。

員工們也發現了自己的主管最近很不對勁，於是，他們開始不再願意與亞力討論一些關鍵的小細節。

一向理性的自己為什麼會陷入這樣的不堪之中？亞力有些不解。一時的疲憊不堪可能徹底地休息一下就能夠緩解，但是，長期如此，你就應該考慮自己是不是陷入了慢性疲勞症候群（Chronic Fatigue Syndrome，簡稱 CFS）。

往日裡，它被專業心理醫生們稱為「一群歇斯底里、上層階級的抱怨」，因為它會讓人陷入無法解釋的頭痛、肌肉痛、失眠、疲憊感之中，同時還會伴隨相當嚴重的情緒失

Part9　情緒與壓力：舒緩壓力，緩和緊張情緒

控，但旁人卻往往視它為無病呻吟。

倫敦大學慢性壓力症候群專家指出，罹患此症者往往屬於菁英人群，他們因為太過專注於工作，忽視了自身的休息，並因為壓力與疲憊的累積而陷入長期的慢性疲憊中。值得注意的是，在罹患該症後，其中有八成病人並不知道自己已經疲憊到生病了。

慢性疲勞症候群最顯著的症狀是至少四個月的無法解釋的疲憊感，即使休息也無法緩解，這樣的疲勞嚴重到讓個人的日常工作和生活都降低到了正常狀態下的一半。

現在，你有必要先知道壞消息：沒有快速恢復CFS的方法。它是一個典型的、由一段時間的儲備精力流失而導致的一種消耗，它需要保證能量的供給並恢復活力，但好消息是，你現在就可以利用以下方法來緩解疲勞，它們可以顯著地增強你的精力。

認清疲憊的原因，對症下藥

精力的消耗會發生在身體、心理與精神上，而CFS往往是由身體的疲憊發展到精神的疲憊的。因此，先辨認自己的疲憊屬於哪一類非常重要：疲勞往往是由過度工作、缺乏睡眠、不健康的飲食、腎上腺疲勞、內分泌失調、藥物副作用、過度焦慮等因素導致的。

針對這些疲勞，大致上的指導方針是：

如果早上醒來時充滿活力，但發現自己在下午時會很累，這是身體疲憊的開端；若早上醒來時很累，然後一天下來都是這樣，那你就應多關注一下自己的情緒了。一般性的疲憊都是由精神引發的，因為個人在工作中缺乏足夠的意義與滿足感而引發。

只有機體平衡，身體的抗疲勞系統才會運作起來

小時候媽媽嘮叨的那些話永遠是對的：為自己準備豐盛的早餐，用蘋果代替糖果，在適當的時候上床睡覺，在感覺緊張的時候記住「一切都會過去」。研究發現，水是我們活力的泉源，每天喝上八杯水，你可以發現自己的精力會變得好一些。由於運動能夠強健體魄，所以，試著去爬爬樓梯代替坐電梯吧！或者，在午休的時候讓自己在辦公樓下待一會兒。如果時間充裕的話，你還可以叫上要好的同事一起。

當然，如果不是身體上的原因，那麼，你就要檢查一下日常生活中其他的疲憊原因了，比如，維生素 D 的缺乏。

驅除那些可怕的情緒吸血鬼

你需要注意到這樣的事實：情緒是會蔓延的。你注意過一些常常生氣、易怒或者抱怨的人是怎樣的嗎？你在他們周圍的感覺如何？科學家們發現，我們都有反射神經元，會直接造成對他人情緒的影響──這種反射神經元與你所在的位置無關。

Part9　情緒與壓力：舒緩壓力，緩和緊張情緒

這與我們的常識相背離：你可能認為，下屬的情緒是不會影響到你的，但事實上，情緒不僅會從上往下傳遞，它也會從下往上反射。因此，你現在需要將那些在工作中煩擾你的人列出清單，然後，主動地去緩和那些人際關係——如此一來，你的周圍便有機會環繞更多的正面因素。

當然，也有環境吸血鬼。你在公司中做了一份志工工作，但你的初衷是只幫助整理客戶資源，誰知公司卻要求你連新人培訓的工作也一起做了。一個接一個的額外工作，想要做超人的生活方式是造成疲勞的核心所在。因此，你應先做一些選擇，學會對一些不必要的任務說「不」。

精神層面上的更新

想想那句美國著名詩人瑪麗・奧利弗（Mary Oliver）的詩：「你想在自己狂熱又寶貴的人生中做些什麼？你想在這個稀有、短暫而又神祕的星球上度過怎樣的時光？」現在，再想一下，在一天結束時，什麼樣的特質與價值是你想要保留的？

現在，將那些能夠讓自己感覺到快樂的事件製作成清單吧！哪怕它只是一件諸如「陪孩子玩皮球」一類的小事。如果你的清單是空的，那就選擇投資一個充滿快樂的人生吧！

在辦公室中放上「愛的衝擊波」

照一張自己愛的人的相片，如果沒有這樣的人，你心愛

的寵物也可以！美國心理學家們研究證明：這種形象化的呈現可以不斷地釋放出「感覺很好」的化學物質，比如腦內啡，它能使體內系統進行全面的能量促進。

　　如果你現在就處於疲憊狀態下，你最好馬上練習看看：它們不僅能夠讓你降低失控的可能性，同時也能夠幫助你塑造出積極向上的人生。

Part9　情緒與壓力：舒緩壓力，緩和緊張情緒

透過壓力管理，將自己置於「不生氣狀態」

　　人在承受巨大壓力時往往很容易發脾氣，你可以對比一下自己的不同狀態：每天都做自己喜歡的事情悠閒度日與每天都忙到連睡覺的時間都沒有，這兩種生活，哪一種更容易讓你動怒呢？

　　壓力與怒氣關係深厚，可以說，高效能人士80％的情緒波動都是因為壓力過大而引發的。你很可能會說，如果沒有壓力就好了，但遺憾的是，日常生活中不可能沒有壓力。對待壓力與對待怒氣的態度應該是一樣的：不用去思考如何才能徹底地消除壓力，而是要設法與壓力和平共處。

　　值得一提的是，造成壓力的原因往往因人而異，有些人對人際關係感覺到壓力，有些人因為工作繁忙而感覺到壓力。但相反，有人因為工作太閒而感覺到壓力，也有人會在獨處時感覺到壓力。

　　如果你能夠將自己的壓力分類，並了解造成壓力的真正原因，就可以做到如釋重負。

了解壓力，將壓力分類

美國一位著名心理治療師在接待來諮商的客人時，曾經遇到過一位「因擔心地球的未來而失眠」的女性。

只要一想到地球的未來，她就會感覺到無比的壓力。她的壓力來自地球上頻繁的戰爭、種族歧視、油源的日漸枯竭、糧食問題等一些她根本無法釐清更無力解決的事情。這些在普通人看來「杞人憂天」的問題，對她而言卻漸漸成為龐大的壓力——在她看來，這是威脅到個人生存的重要問題，而不是隨便說說就可擱置一邊不管的小事。

於是，治療師建議她做以下的分類，並寫下「壓力紀錄」。

壓力大致可分為四類，分別是：「不重要／自己能改變」的壓力；「重要／自己能改變」的壓力；「重要／自己無法改變」的壓力；「不重要／自己無法改變」的壓力。

再回看我們之前提到的那位「擔心地球未來」的女性，她的壓力應該列入哪一類？很顯然，那屬於「重要／自己無法改變」的壓力：就算她再怎樣擔心地球的未來，地球也不會按著她的想法運轉，種族歧視也不會因為她的重視而消失，石油更不會因她的擔憂而源源不斷地湧出——不管她是否擔心這些事情，這些都是「自己無法改變」的事情。

學會接受，從小事、從自己開始改變

你需要學會接受那些無法改變的事情，但「接受」並不意

Part9 情緒與壓力：舒緩壓力，緩和緊張情緒

味著「放棄」。接受是表示自己明白，世事是無法盡如人意的。

若是一味地抱著「放棄」的心態，那麼，即使是面對自己無法改變的事情，你也可能會時常感覺到不滿。所以，在接受了無法改變的事實後，你可以再試著找出，是否有自己可以改變的地方──即使只是一件小事也無妨。

寫下壓力紀錄，便可以讓壓力銳減

你可以藉著壓力紀錄，試著分辨出這一壓力對自己是否重要，以及在這一壓力下所產生的事情，是否是自己有能力改變的。

以下是一件真實的壓力紀錄：

擔任某汽車公司業務部主管的胡先生最近感覺壓力很大，他發現自己變得煩躁不安且易怒。在抽出時間後，他在紙上列出了以下造成自己壓力的原因：

1. 公司分配給團隊的銷售目標過於嚴苛，以至於團隊眼下雖然努力，卻無法達成；
2. 年輕人不買車的情況越來越普遍，一般來說，新車沒有二手車的銷路好，這導致新車根本賣不動；
3. 每天早起都非常痛苦；
4. 對自己的身高感覺到自卑。

在將自己的壓力分為上述四種後，他又寫下了如下的分類理由及解決措施：

1. 公司分配給團隊的銷售目標過於嚴苛，以至於團隊眼下雖然努力，卻無法達成。

理由及解決措施：銷售目標的確太過嚴苛，現在根本無法達成。但其他地區卻有業務部門達成了相同的目標。提升業績非常重要，所以，只能想盡一切辦法設法達到。自己可以設法改變的是，向那些業績優秀的團隊「取經」，詢問銷售訣竅，同時與上司討論具體的解決對策等。

2. 年輕人不買車的情況越來越普遍，一般來說，新車沒有二手車的銷路好，這導致新車根本賣不動。

理由及解決措施：新車越來越難賣是一個客觀的事實，這是自己無論如何努力都無法改變的事情。其實仔細想一下，全國的汽車銷售員都遭遇到了相同的問題。現實條件如此，我也只能接受，與其一味地抱怨，還不如想想其他的辦法。

3. 每天早起都非常痛苦。

理由及解決措施：早起雖然並不是工作的重點，但也不能遲到。自己可以做到的是，減少晚上與朋友去酒吧聚會的次數，或是改變玩遊戲到半夜的習慣。只要忍耐一段時間，便可以慢慢地轉變自己的生活形態。

4. 對自己的身高感覺到自卑。

理由及解決措施：老實說，我希望自己可以再長高 5 公

Part9 情緒與壓力：舒緩壓力，緩和緊張情緒

分，但這已經是不可能的事情了。而且，即使長高可能也不會改變什麼，再加上我已經有女朋友了，她也並沒有嫌棄我矮。

模仿胡先生的壓力記錄法，你就會發現，自己可以更妥善地面對與區別生活中的壓力了。

將意志力集中在那些可以改變的事情上

區別壓力為「重要」或者「不重要」的過程中，你應該以自己「第一順位想做的事」為標準。因此，在記錄壓力的過程中，你需要嘗試著一邊記錄，一邊詢問自己：「到底什麼是我第一順位重要的事情呢？」

以汽車銷售主管胡先生的例子來說，對他而言，眼下第一順位的事情是提升業績，早起、身高這些事情雖然也重要，但從提升業績的目的上來看，其重要性明顯低一些，所以它們可以歸類為不重要。

運用「記錄」、「客觀觀察」的技巧，你就會了解為什麼會有壓力。學習去面對這些已甄別出來的壓力，建立起一個可以讓「壓力減少」發揮功效的環境，你的情緒失控次數便會大大減少。

有效緩解心理疲勞的方法

　　你是否曾有一段時間對一切都失去了興趣？在那段時間裡，不管休息多長時間，你總是會感覺到疲憊，平日裡爭強好勝的心早已不知去了哪裡，你只想徹底地逃離這種繁忙的生活。也許你還沒有意識到：你進入了心理疲勞期。

　　所謂的心理疲勞，與過多的體力勞動導致肌體能量消耗過大的生理疲勞有所不同，心理疲勞往往是指在長期從事單調、機械的工作活動時，人的中樞神經細胞會因為長時間處於緊張狀態下而出現過度憂鬱，從而使人對工作與生活的熱情、興趣大幅度下降，直到個人產生厭倦心理。

　　哈佛大學醫學家認為：「當一個人的身心過分緊張時，他的機體免疫能力便會被削弱。」心理疲勞是在不知不覺間潛伏於人們身邊的「隱性殺手」，它不會在一朝一夕間置人於死地，而是如同慢性中毒一般，到了一定的時間以後，才會引發疾病。讓自己處於過度心理疲勞中，無疑是在透支生命。

　　導致心理疲勞的另一主要原因是個人的精神過度緊張。我們處於一個競爭白熱化的時代裡，這個時代以生活節奏超快、競爭性極強為特徵，許多人都會擔心自己會在競爭中失敗。此外，紛繁的資訊轟擊、噪音、住房的擁擠、工作條件

Part9 情緒與壓力：舒緩壓力，緩和緊張情緒

過於惡劣、家庭不和、疾病、人際關係過度緊張、事業遭遇挫折等，也是使個人心理疲勞不斷增加的重要因素。

一個平凡的上班族麥克・英泰爾在自己 37 歲生日那天，做了個瘋狂的決定。他決定放棄自己待遇優厚的記者工作，將身上僅剩的 3 塊多美元捐給街角的一名流浪漢，只攜帶了乾淨的內衣褲，從陽光明媚的加州出發，靠著陌生人的仁慈，搭便車橫越整個美國。

一路上，他不斷地回憶著自己多年來的奮鬥生活：入職以後，一直勤懇的付出讓他獲得了豐厚的回報，但是，他卻從來沒有過輕鬆的感覺，哪怕他採訪到了整個美國最成功的大企業家或是最受歡迎的大明星，他也毫無興奮之感。他開始質疑自己：我到底是在為什麼而活著？

在長達幾個月的流浪生活中，他徹底地反思自己的生活，重新獲得了對生活的熱情：幾個月的時間，他得到的是放鬆自我、反思人生的過程。

隨後，麥克開始了另一種截然不同的生活方式：他開始全身心地投入了寫作與旅行中，因為這樣的生活明顯能讓他更多地體會到快樂。

哈佛大學公共衛生學院教授 David Canning 博士在自己的研究中發現，若個人長期處於同樣的工作中，便會產生明顯的厭倦與沉悶，其工作效率也會明顯低於平常，因為個人的精力與創造力都處於「燈枯油盡」的階段中。

以下是一些可以有效解除心理疲勞的方法：

保持工作與生活的勞逸結合

工作時間應該合理安排，讓自己分出輕重緩急。堅持規律的生活，適時參加一些體育鍛鍊，使肌體活力得到全面提高，以幫助增加大腦在應對複雜枯燥工作時的適應能力，從而盡量避免因為從事過於單一的工作而產生的消極心理。同時，個人每天應該盡量保證 7～8 小時的持續睡眠，這對消除疲勞有著明顯的效果。

讓自己培養對所從事工作的興趣

興趣的產生與大腦皮層上的興奮有著直接的連繫。當個人從事自己感興趣的工作時，往往不會產生疲憊感，而在從事自己沒有興趣的工作時則更容易陷入疲憊中。在工作過程中，若發現自己對本職工作中的一些專案沒有興趣時，你也不應過度緊張，以防止由於憂慮而形成思想負擔，而是應該想辦法努力培養自我興趣。

創立一個和諧的人際環境

平日裡，學會與人為善，與家庭、同事、朋友搞好關係。經驗表明，只有當個人生活在快樂、融洽與和諧的氣氛中時，才有可能獲得開朗的個性、愉快的心境與健康的身心，才會讓自己遠離疲勞。

Part9　情緒與壓力：舒緩壓力，緩和緊張情緒

磨練自己的意志

意志堅強者不僅能在生理疲勞時頑強地生存，而且，在心理疲勞時，他們也往往能夠克服自己內心升起的惰性，使自己順利地完成任務，達到既定目標。因此，平日裡，個人應該學會磨練自己的意志，培養起敢與困難做鬥爭的頑強意志。

當你發現自己出現了沮喪壓抑、工作效率降低、心煩意亂、頭暈頭痛等症狀的時候，你便應該明白，自己已經處於心理疲勞狀態中了。此時，你需要考慮的不是如何再努力一把、奮力向前衝，而是暫時停下來，為自己留出一段徹底放鬆的時間。若你的心理疲勞已然發生，但是休假卻遙遙無期，你不妨讓自己試著忙裡偷閒，偶爾請半天假，讓自己找個清幽的地方散步或者想想事情，這同樣可以緩解心理疲勞。

不把工作壓力帶回家

歐文是一家公司的技術人員，他有一位美麗可人的妻子和一個活潑可愛的 3 歲大的女兒。親密的家庭關係、不錯的薪資待遇，讓身邊的人都認為歐文是一位幸福的人。可是，這種情況在歐文得到晉升後發生了改變：在升職為專案主管後，歐文的煩心事不斷，好像總是有做不完的事情。又因為他對專案細節要求過嚴，導致同事對他抱怨連連。

團隊的工作能力不強，上司也難免會指責身為負責人的他。在最開始時，歐文還會囑咐自己：不要將情緒帶回家，但是時間長了以後，他便有些控制不住自己。女兒調皮的行為，總是會讓他心生怒火；妻子的關心成了囉唆，歐文甚至會忍不住向她大吼。

歐文在家裡情緒失控的次數越來越多，直到有一天，他回到家，發現妻子與女兒都不見了，桌子上留下一張紙條：家不是你的發洩場，等你能處理好這一切，能再愛我們時，再打電話給我吧！此時歐文才意識到，自己需要做一些改變和調整。

生活中像歐文一樣的人並不少，他們將工作中累積的壓力、煩惱帶回家，並不斷地將家人當成不良情緒的發洩桶，使家庭關係受到影響。這些人常常會忽略家人的想法與感

Part9　情緒與壓力：舒緩壓力，緩和緊張情緒

受，滿腦子想的都是與工作相關的事情：晉升、業績、上下級關係⋯⋯他們忘記了這樣做只會為自己增添煩惱，而且會在不經意間傷害身邊的人。

當今社會的不斷發展、物質生活的日益豐富，以及內心不斷湧動的種種欲望，都使我們的壓力變得日益沉重。如何做到不將壓力帶回家，不讓工作成為家庭生活的困擾，便成了讓生活與工作獲得平衡的關鍵所在。做到這一點並不容易，你需要讓自己掌握以下技巧：

轉換場合時，轉變角色

在公司時，你的角色是員工、組長、經理；在家時，你的角色是兒子或女兒、丈夫或妻子、父親或母親。你所在的場合不同，你所擔負的責任也有所不同。因此，每天邁入家門前，花幾分鐘整理一下自己的思緒，想清楚自己現在的角色是什麼，並按角色來安排下一步的行動，例如，現在我該變成一個女兒，去享受與父母在一起的時光。

將一切工作擋在家門外

盡量不要把工作帶回家，如果在工作上遇到了重大問題，那麼，你也不可能在回家以後，用片刻的時間便將問題解決。因此，與其煩惱不如徹底丟開。在回家以後，讓自己聽聽音樂、與家人聊天、為家人做一頓美味的晚餐⋯⋯這些行為都會幫助你減輕壓力，增進你與家人的感情。

學會進門前自我放鬆

在過度緊張的情況下,你很可能無法做到及時放鬆自己。此時,學一些必要的技巧便顯得尤其重要了。

1. 腹式呼吸

腹式深呼吸的技巧很簡單:

- 閉上眼睛,將腦中的一切雜念都拋開,將精神集中在自己的呼吸;
- 輕輕地使用鼻子吸氣,感覺空氣正在慢慢地進入你的腹部;
- 微微地張開嘴,將空氣慢慢地吐出來,反覆進行五到十次。

2. 冥想

冥想是運用自我想像力與曾經的知覺經驗進行自我身心調節的方法:

- 想像一個自己喜歡的地方,並將注意力集中在那裡;
- 想像那裡的細節,直到自己感受到美好。

在進入家門前,利用這些技巧盡量地放鬆下來,能夠讓你更好地融入家庭。

Part9　情緒與壓力：舒緩壓力，緩和緊張情緒

不將工作權力帶回家

或許你並不了解工作權力是什麼，但你可以清晰地意識到，上司對你的行為有點評的權力，同事也可以根據你的工作狀況，對你表現出嫉妒或羨慕的行為，這便是工作權力的展現。工作中的規則、公司執行的基礎都是權力，其運作機制有兩大特點：競爭與合作、控制與征服。然而家庭裡的規則截然不同，這裡更需要愛與珍惜、理解與接受。

如果你不理解工作與家庭的分別，將權力規則帶回了家，那麼，你的家庭便會被權力所汙染，你會想要控制、征服家人，並在有限的資源上與家人競爭。那麼你可能會與兄弟姐妹為了看電視而爭吵，並認為這是不能妥協的事情；你會拒絕父母的建議，並感覺自己是在堅持自己的原則；你會對妻子的表現指指點點，並力求讓她意識到：你才是家庭的主宰。可以想像，在這樣的工作權力下，你的家庭將會出現各式各樣的問題。

在某種程度上來說，嫻熟並果斷地運用權力規則，會使個人在成功的路上奔跑得更加迅速，而一旦它滲透到你的家庭領域中，那麼，它便勢必會讓你付出代價，你的家庭關係會變得越來越糟糕。所以，如果你珍愛自己的家庭，就將權力規則留在公司，將真實的自我帶回家。

工作是我們生活中很重要的一部分，但是我們的家人在

我們生活中更重要。如果沒有我們,我們所在的公司可能會在短短的幾天裡找到接替我們的人,而我們的家人會承擔失去親人的痛苦。仔細想一想,你是不是好久沒有花時間陪伴家人了?如果答案是肯定的,那麼請馬上安排時間與家人團聚吧!

Part9　情緒與壓力：舒緩壓力，緩和緊張情緒

專注於簡單，捨棄不必要的一切

我們習慣在累積中生活——這種累積的觀念，一方面源於傳統中的「節約」觀念，而另一方面，則是為了增加自身生活的安全感與掌控感。在日復一日的累積中，我們將越來越多的事情與雜物堆積在生活中，總是想到日後有可能用到，所以舊物無法捨棄；總是感覺他人的幫助無用，所以一切都盡量親力親為。在這種累積的生活中，我們的人生越來越複雜，我們的心態也越來越浮躁。

小嫻是一家報社的編輯，下班之後，她不是在茶館與客戶談事情，就是在酒吧裡與朋友一起玩。在她看來，這是一個交際的時代，而自己的工作又是在捕捉最新的資訊，因此，不管從哪一方面來看，自己都需要頻繁地接觸他人、接觸社會。

這樣折騰了幾年以後，小嫻發現，自己有限的時間與精力已經被頻繁的交際消耗得差不多了。自己的業務能力並沒有獲得成長，自己的人際關係網也越來越沉重。工作沒有前途、個人生活又如此糟糕，她的心也開始越來越浮躁。

後來，她終於看透了一切，並開始嘗試著拒絕那些並不需要的交際活動。如今，每天下班以後，她都會按自己喜歡

的方式去生活：洗一個舒服的熱水澡，聽聽音樂，看看電影與雜誌。在她看來，自己現在的生活已經很好，而這種生活恰是最能滿足自我生活狀態的。

這是一個複雜的世界，而複雜是因為我們內心的欲望過於強烈。這個世界也可以很簡單，而能否簡單源於你內心是否平靜。

如果你總是將自己的生活變得非常複雜，在相當程度上，並不是因為你的生活需要你這樣做，而是因為，你感覺自己的能力很強，你可以征服與改變世界。於是，內心那股強大的欲望，成了你最美好的感覺與力量。也正是因為如此，你的生活日益多變，越來越多的不確定性充斥在你的周圍，不快的因素也在不斷地增多。在這種情況下，你的憤恨與抱怨也會增加，就如同這個世界欠你的一般──你付出了這麼多，而它竟然沒能給你相應的回報！

簡單地生活則不會有這樣的麻煩：內心的簡單甚至單純，會將許多的欲望淘汰掉，剩下的只是自己可以接受的、自己喜歡的，這樣的生活方式或許會遠離時尚、多彩、刺激，但是內心卻因為欲望的減少，而變得越來越從容。

「簡單地生活」並非指苦行僧一樣的清苦生活，更不是讓你辭去待遇優厚的工作，靠著微薄的存款過日子。「簡單」只是讓你更悠閒、更從容。

Part9　情緒與壓力：舒緩壓力，緩和緊張情緒

簡單的好處在於：你不需要為金錢所累，更不需要因為他人的指點而疲憊，你是自己的主人。你需要得越少，你的心靈便會越自由。那我們怎樣才能過上簡單的生活呢？

一切以「刪繁就簡」為原則

簡單生活的根本原則就是「去繁就簡」，去除一切多餘的欲望，只留下正常的、合理的欲望。這說起來非常容易，但是，如果你想將它們轉變成自己的真實行動，你便需要讓自己的心靜下來，看看你到底能夠從自己的生活中刪除什麼。比如，當你為了一次小小的提升，而不斷地與同事過度競爭，並淪落到無人願意與你交流的境地，你便該問問自己：這樣做值得嗎？

別總是「等不及」

我們總是生活在「下一秒」，上班時等待假期；孩子還小時，等待孩子快速長大……

我們之所以無法擁有當下的美好生活，是因為我們總是在擔心時間不夠。學習享受已經擁有的時間，享受眼前擁有的一切，是簡單生活的重要一課，同時也是快樂生活的關鍵。

學會避重就輕

許多人都處在壓力當中，可是，與其為壓力所苦，不如學會忽略它。你應該知道，哪些事情對你來說是最重要、最

不能放棄的，至於其他的，則可以少花一些時間與精力。對待外在的生活，若你真的無法達到某個標準，那麼，你便不需要再去勉強自己，不如將標準降得低一些——反正你的目的是讓自己更好地生活。

　　簡單的關鍵在於，遵循自我的選擇，聆聽內心的感受。簡單是更深入、更快樂的生活，它讓你完全投入、更加自覺。當你再一次為生活中的瑣事而痛苦、糾纏時，不如想想這些事情的利與弊、它們的真實價值，勇敢地讓自己去索取或放棄。當你致力於追求一種遠離浮躁、更加簡單的生活時，請詢問自己：「這樣做，會讓我的生活變得更加簡單嗎？」如果答案是肯定的，那麼，就毫不猶豫地去做吧。

Part9　情緒與壓力：舒緩壓力，緩和緊張情緒

說出壓力，清理情緒垃圾

並非所有的壓力都對人們的生活、學習、事業有益。凡事不可過度，過度的壓力不僅影響人們的身心健康，還會對人們的生活、事業、學習產生極壞的影響。因此，我們要學會控制自己的情緒，避免因過度的壓力而影響自己的生活。

很多人都有這樣的體會，在煩惱、不高興的時候，找朋友或者親人述說一番之後，心情就會變得好起來。這裡面的道理有很多。首先，說話的過程就是宣洩的過程，自己有了想法，沒有輸出的管道，憋著就很難受。其次，說出來也是在討論問題，也許在聽別人的意見時會獲得解決方案，哪怕得到一點啟發也是好的。所以有壓力需要說出來，不要憋在心裡。

張女士從事財務工作，工作比較枯燥機械。因為從小個性就內向，所以不太合群，朋友極少。畢業三年來一直在不停地找工作、換工作，每次換工作都是因為她的不合群，老闆都認為她缺乏團隊合作精神，所以試用期一結束就被炒掉。

這三年的經歷讓張女士嚴重缺乏自信。同事覺得跟她在一起時很壓抑，也不愛跟她說話。除了電腦以外她對什麼都

說出壓力,清理情緒垃圾

沒什麼興趣,情緒低落,憂心忡忡,飯也吃不下,也不願出門,生存的壓力逼得她喘不過氣來。

看著張女士如此苦悶,她的父母也憂在心頭,後來抱著試試看的態度,介紹了一個男朋友給她,沒想到兩人在見過幾次後還真成了戀人。後來她男友經常帶她參加社交活動,她的心情也開朗了很多。最後在男友的開導下,張女士主動將心裡的煩惱說了出來。男友聽完之後,非常誠懇地告訴她:「你其實沒有任何問題,你的人品和技能都很優秀,就是不愛和別人交流。不用著急,我養你,一切都會好起來的。」

隨著男友一些刻意的安排,張女士逐步嘗試和別人主動打招呼。過了快一年之後,張女士有所好轉,臉上也有了幸福的笑容,並且在一家不錯的公司獲得了一份工作。

有了煩心事,或者因為一些奇怪的想法而心事重重時,就要說出來並解決掉,不然只會加重心理負擔。再難以解決的問題,我們只要及時說出來、聽聽別人的意見,就能放鬆自己,減輕壓力,也就不會有焦慮情緒了。在上面的故事中,張女士在男友的引導下說出了心裡的煩惱,最終擺脫了憂慮的情緒。

把內心的壓力說出來,就是「清理」。醫學家和心理學家建議,你可以對自己說,或對著鏡子裡的自己說。「自我

Part9　情緒與壓力：舒緩壓力，緩和緊張情緒

對話」的目的，是幫助自己對不合邏輯、不合理的思想保持自覺。

譬如，把一件小事情看成了天大的事情時，你就對自己說：「這件事情並不重要，也不複雜，不用老惦記著。」對某個人或某件事有情緒化的、誇大其詞的念頭時，你就對自己說：「注意呀，我有過處理這個問題的經驗。」對某些事物充滿疑慮或者不滿意時，你就對自己說：「情況還沒有搞清楚呢，有時間我再問問，現在著哪門子急呀。」等等。

千萬不要小看這些「言語結論」，這些話說出來後，就會截斷負面思想，阻止情緒渲染擴大，使人增加自信，避免在情緒上陷入過度的敏感、緊張、自憐、自責，甚至於絕望之中。研究顯示，這一類「用有聲言語下的結論」，對身體、心理有很大的引導、穩定和安撫作用，如同臉上常掛笑容，心情就會好起來。從這個意義上講，說出壓力是個好習慣，應該受到贊同和鼓勵。

感覺千頭萬緒、不知所措時，找一位知心好友，或專業人員，或有經驗的長輩，說出內心的恐懼和問題。有時候，我們面臨的問題並不嚴重，只是在心慌意亂時無法冷靜思考，如果能夠經過傾訴、發洩，或聽聽別人的意見，看清問題的癥結所在，找出解決方法，即可豁然開朗。

Part10
情緒應用：
把握情緒，讓它成為人生的助推器

情緒應用的核心在於把握自己的情緒，創造自己想要的生活。負面情緒如同一座監獄，除非你意識到自己身處「監獄」，否則你永遠逃不出去，而掌控負面情緒就是開啟監獄大門的鑰匙。正向的思維只有在正向情緒的刺激下，才有力量改變你的生活。你的心必須真正相信你可以造就自己的命運，而且你必須主動創造，並將正向思維的音量調高，以便成就你夢想的人生。

Part10　情緒應用：把握情緒，讓它成為人生的助推器

激發對成功的渴望

相傳，古希臘塞普勒斯的國王比馬龍（Pygmalion）愛上了自己雕塑的一尊少女像，他愛不釋手，每天把雕像當成真人對待，並為她取名叫蓋拉蒂。他還給蓋拉蒂穿上美麗的長袍，並且擁抱它，親吻它，他真誠地期望自己的愛能被「少女」接受。真摯的愛情和真切的期望終於感動了愛神阿弗羅狄忒，於是愛神賦予了雕像生命，使其變為真正的美女，比馬龍的幻想也變成了現實。後來，心理學家把由期望而產生實際效果的現象叫作比馬龍效應（Pygmalion effect）。

「比馬龍效應」是一種心理預期，它告訴我們，對一個人傳遞正向的情緒，就會使他進步得更快，發展得更好。反之，向一個人傳遞負向的情緒則會使人自暴自棄，放棄努力。這條理論也可用在自身的學習上。

成功雖然靠悟性和勤奮，但也與人的心理有不可或缺的關係。美國的心理學家們曾進行過一項歷時幾十年的研究，他們對具有較高智力的學生進行長期的跟蹤調查，發現有著相似智力、相似成績的學生，幾十年後的成就相差很大，究其原因，不在於智力的差異，而在於人對成功的渴望，這也是比馬龍效應產生的結果。

對成功有強烈的渴望，能使不可能成為可能，使可能成為現實；沒有任何渴望，可能的也會變成不可能，甚至毫無希望。一個強烈期望獲取成功的人，整個世界都會為他讓路。相信自己能行，便會攻無不克；不敢相信自己，將會失去一切。

1930年代，英國的一個偏僻的小鎮上，有個女孩自小被父親灌輸這樣的認知：無論做什麼事情都要力爭一流，永遠做在別人前頭，而不能落後於人。即使是坐公車，你也要永遠坐在前排。

這個女孩在這種期望下順利考入了大學，那時學校要求學五年的拉丁文課程，她卻出人意料地用短短的一年時間就學完了，而且，考試成績竟然名列前茅。

女孩不忘父親的囑託，不光在學習上出類拔萃，在任何方面都勇爭第一，體育、音樂、演講及學校的其他活動也都一直處於遙遙領先的位置。當時她所在學校的校長評價她說：「她無疑是我們建校以來最優秀的學生，她總是雄心勃勃，充滿激情，每件事情都做得很出色。」

多年以後，女孩成為英國乃至整個歐洲政壇上的一顆璀璨的巨星，她連續4年當選保守黨領袖，並於1979年成為英國第一位女首相，雄踞政壇長達11年之久。她就是被世界政壇譽為「鐵娘子」的瑪格麗特‧柴契爾（Margaret Thatcher）。

Part10　情緒應用：把握情緒，讓它成為人生的助推器

　　瑪格麗特·柴契爾夫人的成功之路得益於父親所教導的那種積極向上的人生觀和勇爭一流的精神。其父所用的就是比馬龍效應，透過一種情緒激發孩子一往無前的渴望，使之不斷前進，逐漸讓積極向上成為一種習慣。

　　看來，只要擁有對成功的渴望，便能透過思考、默想和語言來調動潛意識，並轉化為意識，從而對行為發生作用。人的意識能量像一個能源寶庫，當大腦透過五個官能，將外界輻射的感官印象和思想衝動歸檔、分類和登記後，就變成了個體所有，人們隨時可以從中得到精神和思想的力量，就如同從電腦中存取資訊一樣。對成功的渴望就發揮著調動這些資訊的作用。

　　對成功的渴望能夠幫助人調整氣質、優化個性、樹立信心、重塑自我，實施智力開發，使之步步為營，處處領先。這種渴望能帶來一種積極的自我暗示，透過提高自信和熱情，使人能按照預期的方向發展。

　　當代的很多年輕人一端起課本就厭煩，總是靜不下心來，由此導致學習效率下降。戴爾·卡內基有句名言：「假如你假裝對工作感興趣，那麼這種態度會使興趣變成真的，並且會消除疲勞。」如果你對某一門課或對學習不感興趣，就可以訓練自己假裝對它感興趣，並堅持下去，必定會有很好的效果。例如，對自己根本不感興趣的科目，我們應在學習之前，對自己微笑著說：「從今天開始，我要好好研究你了，

我一定會對你產生興趣的。」、「我會滿懷興趣地學好你的！」

瓦西里·蘇霍姆林斯基（Vasily Sukhomlinsky）說：「成功的歡樂是一種巨大的情緒力量，它可以促進兒童好好學習。」對兒童是這樣，對二十幾歲的青年也是如此。你也可以想像自己學成後的心情和成就，努力製造那種感覺，便能激發學習的興趣。這也是比馬龍效應在學習上的又一應用。

對於正處於不斷汲取知識甘露的年輕人來說，激發對成功的渴望是令人積極進取的有力武器，我們應時刻以此來提醒自己，將激情傳遞給自己，用暗示覺醒自身潛意識、潛能力，就會由內而外地產生一種積極健康的情緒，也會產生積極的心理效應，從而提高自信心和學習成績。記住，志在成功，你就已成功一半。

Part10　情緒應用：把握情緒，讓它成為人生的助推器

營造更適宜的生存環境

眾所周知，生活在優美的自然環境裡是一種享受，像遼闊的海洋、蔚藍的天空、潺潺的流水、秀麗的田園等等，這些景物都能使人心情舒暢、賞心悅目。可是，日常生活中也會有一些環境令人十分厭惡，甚至還會危害人們的健康，比如擁擠的地鐵、嘈雜的市場、被汙染的河流等，這些環境都會使人心情煩躁，鬱鬱寡歡。

心理學家研究顯示：擁擠會使人情緒沮喪、不安、煩躁，甚至可能造成暴怒。在擁擠的公共汽車上，時常會發生吵架事件，這除了人們道德修養方面的原因以外，與擁擠對人的心理影響也有直接的關係。

環境與人的心理的形成和發展有著密不可分的連繫。環境心理學認為，自然環境對人的心理會產生直接或間接的影響。直接的影響是自然環境作用於人的感覺器官，然後引發特定的認知、情感和態度，從而決定人對環境的適應方式。間接的影響是自然環境透過感知來實現對人的心理和行為的影響，如人的「美感」是由於對自然景色的社會性認知和態度體驗形成的，「心境」也是由好的或不好的環境所引起的相應的態度體驗。

營造更適宜的生存環境

　　社會環境對個體的活動發揮著重要的調節作用。人們在特定的社會環境中生產和生活，就必然會受到它的影響，從而會產生不同的心理特徵和行為，這就是環境心理。如家庭中父母的言談舉止、學校中的校園文化、學生中流行的行為舉止、老師教學中的方式方法等等，都會對學生產生潛移默化的影響，從而形成各自不同的心理特徵。

　　1920年，在印度加爾各答西南部一個小鎮的山洞裡，人們從狼窩裡救出了兩個女孩，大的大約有七八歲，取名叫卡瑪拉，小的大約有兩三歲，取名叫阿瑪拉。後來這兩個女孩被送到孤兒院裡接受正規的教育。雖然她們的身體和大腦同正常人相比並沒有什麼區別，但她們的心理和行為卻幾乎與狼一模一樣。她們喜歡光著身子，用四肢爬行，白天喜歡躲在黑暗的地方睡覺，一到晚上就會像狼一樣嚎叫。

　　經過辛克牧師夫婦的精心養育，卡瑪拉學會了一些簡單的詞彙，但是她15歲時的智力水準僅僅相當於一個3歲半的正常兒童。由於不適應人類社會的生活，阿瑪拉在孤兒院裡生活了不到一年就去世了，卡瑪拉在她17歲那年也去世了。

　　像「印度狼孩」這樣的例子在世界上還有不少，有的人可能會問：「為什麼人類的孩子會變成狼孩呢？」其實這就是環境塑造出人的結果。

　　雖然狼孩是人類的後代，但是他們是在狼窩裡長大的，長時間跟狼一起生活，造就了他們跟狼一樣的心理和行為。

Part10　情緒應用：把握情緒，讓它成為人生的助推器

同樣，在人類社會中，在不同的自然條件和社會環境的作用下，人會產生不同的思想、感情和價值觀，也會產生不同的能力和個性特點。所以，營造一個適宜的生存環境對我們的人生具有重大意義。

如果覺得換一個生存環境很難的話，就需要我們在現有生存環境的基礎上，營造一個更適宜自己的生存環境。這需要如何去做呢？

合理配置花木，綠化生存環境

合理配置花木，會給生存環境增光添彩。有人把綠色植物譽為「無聲的音樂」，它能給人帶來清新空氣，令人心曠神怡。另外，很多花卉都有其宜人的馨香，易使人的嗅覺得到某種良性刺激，促使大腦皮層興奮，從而影響人的心理、情緒和行為舉止。所以，對於生存環境來說，綠色植物是必不可少的。

保持生存環境的乾淨、整潔

獨立的空間在一定程度上會反映一個人的個性與狀態，辦公室的桌椅及工作用具等，都需要保持乾淨、整潔、井然有序。心理狀態的好壞，一定程度上會從辦公室桌椅或其他方面展現出來。那些會整理自己桌面的人，工作起來肯定也會乾淨俐落。

保障生存環境的私密性

心理學家斯坦利・霍爾（Granville Hall）指出：人都會在人我之間保持某種距離或物理空間，稱為「身體緩衝區」，又稱為「人我距離」。每個人都需要擁有一個自由、私密的個人空間。如果一個人不能掌握其生存環境的私密性，可能會因為壓抑而產生很多負面情緒。這些負面情緒不僅會影響工作，而且會使人失去對人際交往的興趣。

建立良好的人際關係

人際交往是社會環境中不可缺少的組成部分，人的許多需求都是在人際交往中得到滿足的。想要營造一個適宜的生存環境，必須要建立良好的人際關係。人際關係協調了，心理疾病會不治而癒。好的人際關係會使人心情舒暢、身體健康、工作效率大增。

現在，人們已經越來越清楚地意識到，生存環境對人的品德、才能、情緒調節、身心健康以及工作效率等具有重要影響。所以，努力營造一個更適宜的生存環境勢在必行。

Part10　情緒應用：把握情緒，讓它成為人生的助推器

重塑自我意象，啟用情緒潛能

你喜歡透過幻想來讓現實優秀化——「幻想」，你或許會不同意用這個詞。那麼，更規範一些來說，你就是不愛努力、浮躁、靜不下心來，一味地想著自己某天潛能可以得到最大的發揮。但是在現實中，你卻很難腳踏實地、一步一步地實現。

之所以將其稱之為幻想，是因為這些「靜不下來」、「浮躁」的意思其實都是：我期望透過少付出甚至不付出的方式，來讓自己獲得極大的肯定與成功。在做不到但內心依然渴望的情況下，人便會浮躁起來。

相比於這種情況，有些人會好一些，他們克服了幻想，希望透過努力來讓自己變得優秀，加班加點地工作，拚命地生活，但最終也只是在溫飽線上——很顯然，這樣的生活一點也不輕鬆。

但不管怎樣，我們都希望從「不優秀」變得「優秀」。在心理學中，這往往意味著一個極其嚴峻的問題：我一旦真正的成功了，我的潛意識還認識我嗎？所以，在個人改變的過程中，我們總是會遇到潛意識層面上的阻礙，它會不斷強調這一魔咒：我寧願待在舒適熟悉的感覺裡，也不願意成為一個好的但陌生的自己。

真正的優秀應該是這樣的：我相信自己本來就是優秀的，我根本不需要去證明自己是優秀的 —— 哪怕我日後變得更好，我也只是實現了真實的自我而已。不過，變得優秀、變得強大當然並沒有這麼簡單，除非你可以看到自己對「不優秀」的現狀到底有多排斥，才可以解除這種「不優秀」，真正地邁向蛻變。否則，所有的幻想與努力優秀，都會被潛意識所阻礙，並以各式各樣的挫敗來證明，自己其實並沒有很優秀。

如何解除潛意識層面上的詛咒？這就需要我們先回到本質的問題上來：我們為什麼要優秀？

優秀是一種超越自我的追求本能，更是一種自我意象

芸芸眾生中，大多數人都是平凡者，我們往往會滿足於現在的自我，從而忘記人生需要不斷地前進。其實，人的生命本身就是一個不斷重新塑造自我的過程，而這一過程就是變得優秀的過程。只有在不斷的自我塑造、不斷變優秀的過程中，我們才能超越自我，才可以使自己向著成功的未來前進。

英國著名心理學家威廉・詹姆斯曾經說過：「生活中的成功並不是在和他人比較的過程中獲得的，而是取決於我們所做的事情。一個成功者總是處於與自己的比賽中，他們不斷地改善自我、提高自我。」

不管我們是否承認，我們每一個人心中都存在一幅藍

Part10　情緒應用：把握情緒，讓它成爲人生的助推器

圖。在心理學領域中，這幅藍圖被稱為「自我意象」，或者自我「影像」，它是指一個人的心理與精神上的觀念。

自我意像是一個神奇的存在：個人的情感、舉止、行為甚至是能力，永遠與自我意象相一致。它是決定人的個性與行為的關鍵所在。你希望自己成為什麼樣的人，你就會按著那種人的習慣行事。所以，一旦你將自己想像成了「失敗者」，你便會不斷使結果趨向失敗。也許你擁有良好的願望、極佳的機遇、頑強的意志力，但這些在失敗的自我意象中，你也只能得到失敗的結果。

改變自我意象便可以使自己的個性與行為得到改變，而且自我意象還是決定個人成就的最大界限，它將會決定你能夠做什麼、不能夠做什麼。如果你可以將自我意象擴展的話，你便可以使自己的「潛在領域」得到擴展。適當發展自我意象可以使個人擁有新的才華與能量，並最終使個人走向成功。

想要真正成為生活強者，你便需要讓自己學著擁有一個建立於現實基礎上的自我意象，並一直朝著這一目標不斷前進。以下方法可以幫助我們建立起強大的自我意象，塑造出那個自己一直夢寐以求的自我。

經常處於正面情緒中

人在開心的時候，體內會發生一系列的神奇變化，從而使自己獲得新的動力與力量。但是，不要想著在他人身上找

開心，真正可以令你開心的事情不在別處，而是在你的身上。找出那些真正可以讓自己情緒高漲的事情，並不斷地鼓勵自己。

將自我目標不斷調高

很多人都驚訝地發現，自己之所以無法前進，主要是由於之前所設立的目標過小，而且大多模糊不清，這才使自己失去了前進的動力。如果你的主要目標無法激發你的個人想像的話，目標的實現便會遙遙無期。所以，真正可以對自我造成激勵作用的關鍵，在於你是否擁有一個既遠大又宏偉的目標。

坦然地迎接恐懼

在面對恐懼時，最可怕、最無用的態度莫過於雙眼一閉，假裝它們不存在。事實上在將內心的恐懼戰勝之後，我們往往可以得到一些更具有安全感的東西。哪怕我們僅僅克服了小小的恐懼，也會使自己有能力創造生活的信心得到增強。

做好計畫，並隨時調整

沒有誰的人生是一路坦途，實現目標的過程總是一條波浪線，其中有起也有伏。我們也許無法掌控事件的變化，但是我們可以安排自己的休整點，制定出讓自己放鬆、調整的

Part10　情緒應用：把握情緒，讓它成為人生的助推器

具體時間點。即使你如今感覺不錯，也要調整好計畫，這才是最明智的舉動。只有這樣，你才可以在再次投入工作中時更富有激情。

塑造自我意象的關鍵在於更細緻地打量自我人生，並重新制定重要的相關計畫。沒有誰的自我意像是一蹴而就的，所有的重塑自我都是在循序漸進的過程中形成的。每天堅持做一點點，就會讓自己的生命變得更加精彩。

甩掉空虛，享受更富足的精神生活

20世紀西方最重要的詩人之一托瑪斯・斯特恩斯・艾略特（Thomas Stearns Eliot）有首著名的詩叫〈空心人〉（The Hollow Man），描繪了西方人精神空虛的生存狀態，內容如下：

我們是空心人

我們是稻草人

互相依靠

頭腦裡塞滿了稻草。唉！

當我們在一起耳語時

我們乾澀的聲音

毫無起伏，毫無意義

像風吹在乾草上

或像老鼠走在我們乾燥的

地窖中的碎玻璃上

……

詩人以「空心人」、「稻草人」來比喻現代人，生動形象，留給讀者極為深刻的印象。

Part10　情緒應用：把握情緒，讓它成為人生的助推器

其實，空虛之感人人都會有，它是人的通病，不分國籍和年齡，也不分男女。也有人經常這樣抱怨：「每天我都照常工作、生活，可心裡彷彿空空的。我經常問自己，為什麼工作和生活，人生的意義何在？為什麼我即使終日忙碌，也甩不掉一種空虛感呢？看看周遭的同事，他們工作有幹勁，玩得也瀟灑，為什麼我做不到呢？」

這兩個人所提出的問題恰似一片陰雲籠罩在一些年輕人的心頭，它就是我們通常所說的「空虛」。為何空虛會光顧年輕人呢？心理學家說，現今的二三十歲的年輕人，精神空虛、信仰缺位，追求物質享樂和精神上的刺激，而理想、責任、奉獻在他們的人生辭典裡顯得是那樣的蒼白無力。正因如此，他們才對現狀不滿足，產生了一種毫無寄託的孤寂落寞。

此外，心理學家也指出，多數年輕人認為「空虛」和「寂寞」、「孤獨」等詞是通用的，其實它們有很大的差別。最重要的一點是，「寂寞」、「孤獨」並非都是消極的，有時還可代表人的個性，但「空虛」卻只能消磨人的鬥志，侵蝕人的靈魂，使人的生命毫無價值。

年輕人為什麼會產生空虛呢？一是年輕人對生活缺乏長遠的安排，一時不知道做什麼，怎麼做，因此感到空虛。二是年輕人氣盛，好高騖遠，事先給自己定出較高目標，但在競爭中失敗，隨之便氣餒、消沉，從雄心勃勃走向另一個極

端，感到生活無味，失落感、空虛感亦油然而生。再者，有些成功的年輕人因常懷疑他人和自己交往的動機不純，也會感到人生空虛。

空虛，並不可怕，可怕的是你被空虛緊鎖而不能擺脫，空虛只會讓時間把你吞沒。人要怎樣才能擺脫空虛呢？

1. 最重要的是要有理想。有了理想就有了追求，人才不迷失自我，才會找到前進的方向。當然這個過程並非一蹴而就的，但只要你堅定不移地往前走，就會讓空虛逐漸淡出你的心裡。

2. 要培養對生活的熱情。做自己喜歡做的事情，發掘生活中的精彩。廣泛的興趣，使人精神生活充實，並能應付多變的環境，使人充滿歡樂。

3. 積極增強自己的抗壓性。有時候，人們生活在同一環境中，但由於抗壓性不同，有人遇到一點挫折便偃旗息鼓而輕易被空虛所困擾，有人卻能面對困難毫不畏縮而始終愉快充實。因此，加強自我抗壓性，才是消除空虛最好的辦法。

4. 忘我地工作。當一個人集中精力、全身心投入工作時，就會忘卻空虛帶來的痛苦與煩惱，並從工作中看到自身的社會價值，使人生充滿希望。

一個人有理想、有抱負、有志氣，才能迎接一切挑戰，有為於世界。人年輕時一段時間有「空虛」和「失落」的感覺

並非異常，關鍵在於要及早明確問題的實質，著力解決。擁有成熟的世界觀、明確的生活目標，並有為之努力的執著的精神，如此一來生活定能充實起來。振作、進取才是年輕人應該有的精神面貌。

尼古拉・車爾尼雪夫斯基（Nikolay Chernyshevsky）曾說過：「生活在平淡無味的人看來才是空虛而平淡無味的。」如果你渴望歡樂與成功，請告別空虛，放棄美麗的幻想，多做實事，成功一定屬於你！當你和空虛頑強鬥爭的時候，請你記住普希金的這句詩——「生活不會使我厭倦」。

不被外界影響的靜心療法

有位知名作家在告誡青少年如何掌握人生方向的時候說：「我們每天都會接收到不同的資訊，有好的，也有壞的，但需要你自己去分辨。所以你不得不靜下心來，好好想一想，如何留住那些好的，又如何丟掉那些壞的。」

濁水想要變得清澈一些，就需要平靜地讓濁物沉澱下去，人想要變得健康純潔一些，就需要在寧靜之中拋棄精神世界的思想垃圾。當一個人處於寧靜狀態之中，對於世間萬物的本原才能得到清醒的認識，對自己的思想行為也能產生一個最公正的評價。

這種精神世界的寧靜其實就是一個過濾器，能夠把那些不夠道德、不夠正面的思想全部篩選出來。沉澱其實就是一個修行和反省的過程，在安靜的狀態下，認真地反思自己的思想和行為，袪除那些不利的影響因素，盡量讓自己的內心更加澄明透亮，盡量讓自己的行為得到最明確的指正。

有個人平時很不受別人的歡迎，大家都認為他是個十足的壞蛋，但是他自己從來沒有這樣覺得，認為只是眾人含有過多感情色彩的一面之詞。雖然如此，他還是禁不住要問自己：「難道我的心真的這麼壞嗎？」為了得到驗證，他決定去

Part10　情緒應用：把握情緒，讓它成為人生的助推器

找上帝幫忙，他希望萬能的上帝能夠告訴他自己是否很壞，給他一個最真實的答案。

上帝見到他後，很快就把實情告知與他，這個人顯得非常沮喪，他滿懷疑問地問上帝：「為什麼我自己不知道呢？」上帝微微一笑：「因為你從來沒有冷靜地想過這個問題，你不妨回家安靜下來想一想，也許很快就能找到答案。」

其實，只要有生活，只要不離開文明社會，每個人就都會有所想，有所念。心靈的垃圾就是一種「念」，一種思想，怨、恨、貪、煩、怒都是其中的表現。雜念、慾念、惡念是困鎖心靈、困鎖人生的主要因素，具體則表現在生活的各個方面，展現在生活的各個場景中，因為人生需要發展，需要有所追求，而這種追求和索取是全方位的。

一位禁慾的苦行僧準備進山修行，卻發現自己只帶了一件衣服，為了方便換洗，他向山下的村民借了一塊布，不過他很快發現自己身邊有老鼠出沒，經常來咬壞他的衣服，他想保住衣服，卻又不想殺生犯戒，所以就下山向村民借了一隻貓，但他只希望貓能夠嚇跑老鼠而不是吃了牠，這樣自己也不至於間接犯下殺生之罪。

不過貓不吃老鼠就實在沒有別的東西可吃，於是他就再次下山，向村民借了一隻奶牛，給貓餵牛奶喝。但是奶牛需要人飼養，而他自己需要修行，根本沒有時間，於是只能下

山找回來一個流浪漢幫忙,但是流浪漢不習慣過苦日子,也不懂得修行,苦行僧只好替流浪漢選了一個老婆。如此沒完沒了,苦行僧天天就不斷地為自己的修行作補充,陷入無止境的索求之中,而他的修行從來就沒有真正開始過。事實上,他如果一心求佛,就會安靜地在山中修行打坐,而不是無謂地「牽扯」出人生的那麼多煩惱。

欲望是一條鏈鎖,總是一個接著一個地到來,永無止境,如果不能及時消除和斬斷,那麼人心永遠都會膨脹下去,難以恢復平靜。高情商的人,懂得及時地讓自己冷靜下來,在寧靜中及時拋去人生中的各種慾念,想一想人生的最終目的是什麼,生活的本質是什麼,最快樂最幸福的又是什麼。高情商的人往往是內心清靜的人,他們能夠很好地克制自己的欲望,不會讓自己被欲望所困,更不會陷入欲望的漩渦之中。

生活的負重累人一時,心靈的負重傷人一世。人生的得失之心、欲的執念都是思想中的「垃圾」物質,它們會嚴重干擾我們的社會生活和精神生活,不妨從喧囂的社會中抽離出來,在寂靜中給自己一個反省的機會。摒除心靈上的雜質,生活才能更加愜意自在。

Part10　情緒應用：把握情緒，讓它成為人生的助推器

藉助良好的情緒資本改變自我

當你能夠控制自己的情緒時，你便控制了整個世界——對於個人而言，情緒控制能力的高低，直接決定了個人人生的成敗。在日常生活中，我們總是會在不經意間累積下自己的情緒資本：當負面情緒日益增多時，你的負資本便會越來越多；當你的良好情緒占據的比重越來越大時，你的正資本便會呈直線上升的局面。只有經營好自我的良好情緒資本，我們才有可能更好地整合自己的人生資源，才有可能挖掘出更多的智力資本。

以某位成功的董事為例——事實上，這位成功者同時是 10 家董事會的成員，在管理方面，他已經是一位經驗卓越者了。

年輕時，他不斷地努力工作，你可以從他的身上尋找到所有職場成員需要的特質：主動、進取、努力、激情、樂觀……他不斷地在多家公司嘗試，並最終獲得了自己的成就。

但成功之後意味著個人更要堅持，堅持便意味著要與一大批緊跟其後、搖旗吶喊的進取青年競爭。在邁入而立之年後，這位成功者並未躺在已有成績上故步自封、閉目養神，

而是制定了自己發展的新目標，向著更大的理想開始了新的努力——他要成為重組公司的決策者。於是他到處與人聯絡，溝通交流，掌握公司的各種消息，以確定自己有把握獲得大家的信任和支持。

最後，他獲得了巨大的成功——在這次公司重組中，他以高票成了董事會的主席。

一千人眼中有一千個哈姆雷特，每個人對成功的理解都各有不同，但有一點可以肯定，即每一個人都期望獲得成功。可是，我們往往在生活中很容易發現這樣一種現象：那些擁有良好情緒資本的人往往更容易成功。

形成這一事實的原因其實非常簡單：這些擁有良好情緒資本的人往往能夠及時地發現自己的不足、並會努力完善自己的個性與情緒，他們願意放低姿態去獲得更多的情感與現實交流，並可以透過他人的協助來實現自我目標。在良性情緒資本的累積過程中，他們表現出了更優異的一面，而這些良好的表現讓他們更容易與成功產生直接的接觸。

你是否總是陷入對生活的無力感中？你是否曾經想過，怎樣才能夠擺脫一段惡性的關係，但卻最終使自己在不良情緒的影響下越陷越深？不管你是怎樣的人，你都應該相信：若你願意累積起良好的情緒資本，若你能夠在生活中不斷地用良好情緒與他人交流，你便可以了解到，讓自己回歸快樂並不是一件難事。

Part10　情緒應用：把握情緒，讓它成為人生的助推器

提升自我情緒資本其實有著簡單易行的方法，你所需要做的就是長期堅持下去。

停下來，靜下心來好好想一下

每一個人都會有情緒壓抑的一面，在精神壓力糾纏不休時，正是我們需要改變自己的時候。在這種情況下，你應該讓自己停下來，冷靜地思考自己所遇到的問題，因為擺脫困擾的第一步，是從解決我們所面臨的問題開始的。

運用正確的方法

你要時時關注自己的情緒，就如同你站在一個小小的瞭望臺上俯視著一切進入你思想的東西。你必須對一切瞭如指掌，並且在情緒壓力產生時迅速反應。當自己情緒壓抑時，你就要保持平和的心態，並冷靜思考。這種行為被稱為有意識的思想控制，比如，你坐在椅子上，專注地想你去年的假日或者今年的假日安排。

願意付出努力

下一步我們要學習的重點，就是如何變得冷靜而平和，我們該怎樣思考，思考些什麼？第一眼看上去，這個問題好像很複雜。但事實上，不斷地提醒自己「你需要調整好自己！」來促使自己努力，是一個必要而必需的步驟。這並不容易，但是它涉及你的情緒資本的累積，更與你的健康與幸福密切相關，因此，你的努力絕對值得。

心態替換

當然，在生活中，你或許還是會遇到這樣或者那樣的麻煩，它們會讓你感覺氣餒與沮喪，此時，便是你提取自己的情緒資本的好時機。此時，你要告訴自己：「好了，我們現在需要一點點好的心情。」然後，你要讓自己使用健康的心態——包括勇氣、樂觀與決心，來對消極的心態——急躁、暴躁與浮躁替換。

找到自己的獨特宣洩方法

想要停止那些能引發負面情緒的想法，你便應該想一些愉快的事情。而且遇到麻煩事時，每一個人都會有自己的獨特方法來讓情緒振奮，這些方法往往對個人都極為有效。有些人喜歡用吹口哨來緩解情緒，有些人喜歡唱歌，有些人喜歡透過寫作來發洩不良情緒——這些都是有效的方法，可以幫助個人很好地應對生活中層出不窮的麻煩事。

找一個鮮活的榜樣

我們都曾經經歷過向榜樣學習的年代，在自己的身邊尋找一個榜樣，同時讓自己向他們積極地學習，也是讓情緒變得正向的極佳方法。比如，你的朋友，他一向樂觀積極、精力充沛，並善於在工作與家庭中統籌。這時候，你完全可以將他當成榜樣。你或許會認為：「他可以做的，我也能做！」可是，你們做事的方式總是有著不同之處的，你可以學習他

Part10　情緒應用：把握情緒，讓它成為人生的助推器

　　成功的地方，並從他的積極行為中，發覺自己從來沒有注意到的自我優勢。

　　與知識資本、金錢資本的累積一樣，情緒資本的累積也不是一夕一朝之事，不過，只要你能堅持下來，你便會發現，在練習提升自我情緒資本的過程中，你已經積蓄了足夠的正向情緒。

發揮情緒感染力

有一個醉漢晃徘徊悠地上了紐約地鐵，也許是車廂裡的人比較多，令他很不舒服，於是他藉著酒勁開始高聲吵嚷。周圍的人都有意躲避他，有人甚至嚇得逃到另一節車廂。醉漢見人們都害怕他，於是更加肆無忌憚地咒罵起來，甚至開始衝撞他人。

有個小夥子站出來打算勸阻醉漢的行為，此時已經失去理智的醉漢根本不聽他講道理，甚至想要動手打小夥子。眼看著一場打鬥即將開始，人群中突然發出一聲洪亮而且愉快的聲音：「嗨！」

醉漢一愣，晃著頭搜尋著聲音的來源。只見一個鬚髮皆白的老人從人群裡走了出來，他滿面笑容地衝著醉漢擺了擺手說：「你過來一下！」

醉漢大步走上前去，怒吼道：「你想捱揍嗎？」

老人搖搖頭說：「我只是想問問你喝的什麼酒？」

醉漢依舊大聲咆哮道：「我喝什麼酒關你什麼事！」

老人迅速地嗅了嗅，對醉漢說：「如果我沒猜錯的話，你喝的是威士忌，而且你應該喝了超過 20 盎司。」

339

Part10　情緒應用：把握情緒，讓它成為人生的助推器

　　醉漢驚訝地看著老人，問道：「你怎麼知道的？」從他的語氣中，明顯可以感覺到，他的憤怒情緒已經有所消減。

　　老人熱情而緩慢地說：「好，我來告訴你，其實我也喜歡喝威士忌，從前我每個晚上都要與太太一起，在後院的小花園裡喝上幾杯。可惜，我的太太已經離我而去了……」

　　此時，醉漢的眼角已經溼潤，突然，他蹲在地上大哭起來，邊哭邊向老人訴說著他的悲慘遭遇。原來醉漢的妻子不久前與他離婚，而且帶著5歲的孩子離開了紐約，原本性情溫和的他從此便開始酗酒，後來又因為工作疏忽被公司開除。現在他不僅失去了家庭，還失去了經濟來源，於是脾氣變得越來越暴躁，而且也越加酗酒。

　　在老人的鼓勵下，醉漢把所有的心事都說了出來。只見他坐在地上，將頭依靠在老人的腿上，似乎將老人當成了自己的親人，之前的怒氣已經完全消失了。

　　憤怒也是可以控制的，也是可以用良好的情緒來感化的。面對一個憤怒的人，最有效的方式就是轉移他的注意，對他的感受表現出無比的同情心，與他進行心與心的交流，這種交流往往細微到幾乎無法察覺。

　　只有透過情緒感染對方，才能有效地影響對方，這種效果比單純憑藉理性的征服要強得多。情緒的感染力是無處不在的，有時候你會做一個主動的感染源，有時又會在不經意

間成了某種情緒的被動感染者。也許在被感染的時候,你並未察覺,等到你的情緒已經發生了變化,你才會察覺到這種不可思議的力量。

比如在演唱會上,歌手會用動聽的歌聲和優美的舞姿調動臺下觀眾的情緒,使觀眾們不由自主地隨之躍動;一些情感電視劇也會利用曲折、感人的情節,讓眾多觀眾為之落淚。強大的情緒感染力正是透過不斷傳遞的情感,影響著周圍的人。

在情緒互動的過程中,高情商者往往是主導者,他們總能輕而易舉地把情緒傳導給別人。他們懂得利用各種形式傳達情感,使他人順應自己的情緒步調。比如語言形式,如何組織安排語言、運用什麼樣的詞彙與人交談,既能展現智商的高低,也能展現出情商的高低。成功地運用鼓勵、安慰和讚美的語言,必然能夠成就和諧的人際關係。除此之外,一個迷人的微笑,一個肯定的回應,都會使你隨時隨地受到歡迎。

國家圖書館出版品預行編目資料

情緒認知與管理：反向調解法、ACT 原則、重塑自我意象、情緒認知理論⋯⋯了解情緒的多種形式，探索情緒的深層力量 / 穆臣剛 著. -- 第一版 . -- 臺北市：崧燁文化事業有限公司, 2024.08
面；　公分
POD 版
ISBN 978-626-394-645-3(平裝)
1.CST: 情緒管理 2.CST: 心理學
176.52　　113011635

電子書購買

爽讀 APP

臉書

情緒認知與管理：反向調解法、ACT 原則、重塑自我意象、情緒認知理論⋯⋯了解情緒的多種形式，探索情緒的深層力量

作　　　者：穆臣剛
責任編輯：高惠娟
發　行　人：黃振庭
出　版　者：崧燁文化事業有限公司
發　行　者：崧燁文化事業有限公司
E - m a i l：sonbookservice@gmail.com
粉　絲　頁：https://www.facebook.com/sonbookss/
網　　　址：https://sonbook.net/
地　　　址：台北市中正區重慶南路一段 61 號 8 樓
8F., No.61, Sec. 1, Chongqing S. Rd., Zhongzheng Dist., Taipei City 100, Taiwan
電　　　話：(02) 2370-3310　　傳真：(02) 2388-1990
印　　　刷：京峯數位服務有限公司
律師顧問：廣華律師事務所 張珮琦律師

-版權聲明-

本書版權為樂律文化所有授權崧燁文化事業有限公司獨家發行電子書及紙本書。若有其他相關權利及授權需求請與本公司聯繫。
未經書面許可，不得複製、發行。

定　　價：450 元
發行日期：2024 年 08 月第一版
◎本書以 POD 印製
Design Assets from Freepik.com